OS DESPOSSUÍDOS

Karl Marx

OS DESPOSSUÍDOS

DEBATES SOBRE A LEI REFERENTE AO FURTO DE MADEIRA

"Os despossuídos: Karl Marx,
os ladrões de madeira e o direito dos pobres"
Daniel Bensaïd

Tradução de Karl Marx
Nélio Schneider

Tradução de Daniel Bensaïd
Mariana Echalar

© da tradução, Boitempo, 2016
© do texto de Daniel Bensaïd, La Fabrique, 2007
Texto de Marx traduzido do original em alemão "Verhandlungen des sechsten rheinischen Provinzial-Landtags. Von einem Rheinländer. Dritter Artikel: Debatten über das Holzdiebstahlsgesetz", em Karl Marx, *Ökonomische Manuskripte 1857/58* (MEGA-2 II/1, Berlim, Dietz, 1982), p. 199-236.
Texto de Daniel Bensaïd traduzido do original em francês *Les dépossédés: Karl Marx, les voleurs de bois et le droit des pauvres* (Paris, La Fabrique, 2007).

Direção editorial	Ivana Jinkings
Edição	Bibiana Leme
Assistência editorial	Thaisa Burani
Tradução	Mariana Echalar (Daniel Bensaïd) e Nélio Schneider (Karl Marx)
Preparação	Sara Grünhagen
Revisão	Maíra Bregalda
Coordenação de produção	Livia Campos
Assistência de produção	Camila Nakazone
Capa	Livia Campos sobre ilustração de Gilberto Maringoni
Diagramação	Crayon Editorial
Ilustração da página 2	Karl Marx em 1839 (pintura atribuída a I. Grinstein, 1961)

Equipe de apoio: Allan Jones / Ana Yumi Kajiki / Artur Renzo / Eduardo Marques / Elaine Ramos / Giselle Porto / Isabella Marcatti / Ivam Oliveira / Kim Doria / Marlene Baptista / Maurício Barbosa / Renato Soares / Thaís Barros / Tulio Candiotto

CIP-BRASIL. CATALOGAÇÃO-NA-FONTE
SINDICATO NACIONAL DOS EDITORES DE LIVROS, RJ

M355d

Marx, Karl, 1818-1883
   Os despossuídos : debates sobre a lei referente ao furto de madeira / Karl Marx ; Daniel Bensaïd ; tradução de Karl Marx, Nélio Schneider; tradução de Daniel Bensaïd, Mariana Echalar. – 1. ed. – São Paulo : Boitempo, 2017.
   (Marx-Engels)

   Tradução de: Debatten über das holzdiebstahlsgesetz
   Inclui índice
   ISBN 978-85-7559-532-9

   1. Filosofia marxista. 2. Direito (Filosofia). 3. Ciência política. I. Scheider, Nélio. II. Echalar, Mariana. III. Título. IV. Série.

16-38474.	CDD: 320.532
	CDU: 321.74

É vedada a reprodução de qualquer parte deste livro sem a expressa autorização da editora.

1ª edição: janeiro de 2017
1ª reimpressão: abril de 2018; 2ª reimpressão: abril de 2019
3ª reimpressão: julho de 2020; 4ª reimpressão: janeiro de 2022

BOITEMPO
Jinkings Editores Associados Ltda.
Rua Pereira Leite, 373
05442-000 São Paulo SP
Tel.: (11) 3875-7250 / 3875-7285
editor@boitempoeditorial.com.br
boitempoeditorial.com.br | blogdaboitempo.com.br
facebook.com/boitempo | twitter.com/editoraboitempo
youtube.com/tvboitempo | instagram.com/boitempo

SUMÁRIO

Nota da editora 7

OS DESPOSSUÍDOS: KARL MARX, OS LADRÕES DE MADEIRA
E O DIREITO DOS POBRES, Daniel Bensaïd 11

    I. A lei sobre o furto de madeira e o direito dos pobres 12

    II. Guerra social das propriedades 30

    III. Do direito consuetudinário dos pobres aos bens comuns
        da humanidade 48

DEBATES SOBRE A LEI REFERENTE AO FURTO
DE MADEIRA, Karl Marx 75

Tratativas da Sexta Dieta Renana. Por um renano. Terceiro artigo 77

    25 out. 1842 77

    27 out. 1842 86

    30 out. 1842 97

    1º nov. 1842 105

    3 nov. 1842 116

Índice onomástico 129

Cronologia resumida de Marx e Engels 133

Coleção Marx-Engels 147

NOTA DA EDITORA

É bastante apropriado publicar em 2017, ano do centenário da Revolução Russa, uma obra reunindo artigos de Karl Marx que, já em 1842, tratavam do direito sobre o uso da terra. A propriedade fundiária sempre foi uma questão fundamental (embora cercada de polêmicas) comum às grandes experiências socialistas, não só na União Soviética, mas também nas revoluções ocorridas na China e em Cuba.

É imbuído da noção de que o primeiro roubo se dá com a primeira apropriação privada que Marx, à época um jovem de 24 anos, recém-doutorado em filosofia na Universidade de Jena, iniciou suas colaborações ao periódico *Gazeta Renana*, do qual mais tarde se tornaria redator. Essa primeira série de artigos, publicada anonimamente e que trazia como assinatura apenas "Um renano", tratava da análise crítica das discussões ocorridas na Sexta Dieta Renana, também chamada de Sexta Assembleia Provincial Renana, no ano de 1841. Publicada no ano seguinte, a série de artigos foi dividida em três temáticas principais: 1) debates sobre a liberdade de imprensa; 2) debates sobre as agitações em Colônia devido ao conflito entre o Estado prussiano e o catolicismo, provocado pela prisão do arcebispo de Colônia; 3) debates sobre a lei referente ao furto de madeira, que se seguiram ao julgamento que visava definir se a coleta de madeira realizada pela população empobrecida da região da província do Reno, no oeste da Alemanha, que até então fora considerada um direito consuetudinário, deveria passar a ser considerada furto e, como tal, penalizada. É este último artigo, originalmente dividido em cinco partes publicadas entre 25 de outubro e 3 de novembro de 1842, que se

Nota da editora

encontra aqui em versão integral[1]. Para embasar suas análises, Marx fez uso da versão para impressão das "Atas das sessões da Sexta Dieta Renana", que continha a transcrição integral das discussões travadas entre os deputados, e não apenas a versão resumida publicada pelos jornais da época. A série de artigos, especialmente o terceiro deles, foi considerada tão incendiária que a *Gazeta Renana* passou a sofrer represálias por parte do Ministério para a Censura de Berlim e da Presidência Superior da Província do Reno.

Este volume – o vigésimo primeiro título da coleção Marx-Engels, que desde 1995 vem publicando, em traduções diretas do idioma original, os trabalhos mais importantes dos filósofos alemães – tem por inspiração o livro *Les dépossédés: Karl Marx, les voleurs de bois et le droit des pauvres* [Os despossuídos: Karl Marx, os ladrões de madeira e o direito dos pobres], de autoria de Daniel Bensaïd, trazendo, inclusive, o texto completo do filósofo francês como apresentação. A única diferença entre os dois volumes é que aqui se optou por incluir os artigos completos de Marx, até agora inéditos em português, ao passo que a edição francesa continha apenas alguns trechos selecionados destes.

Traduzido por Nélio Schneider, o texto de Karl Marx tem como base a edição de 1982 da MEGA-2, a qual, por sua vez, é alicerçada em um exemplar da *Gesammelte Aufsätze von Karl Marx* [Coletânea de ensaios de Karl Marx], editada por Hermann Becker em 1850, que contém quatro correções (três referentes a abertura e fechamento de aspas e uma de concordância) a tinta com a caligrafia de Marx. A edição da MEGA-2 foi também usada como material de apoio para as informações contextuais inseridas nas notas da edição. No texto de Karl Marx, as notas de rodapé vêm acompanhadas de asteriscos e podem ser da edição "(N. E.)" ou do tradutor "(N. T.)". Todas as ênfases no texto são de Marx – inclusive os destaques em itálico nas cita-

---

[1] O primeiro artigo foi publicado em português em: Karl Marx, *Liberdade de imprensa* (trad. Claudia Schilling e José Fonseca, Porto Alegre, L&PM, 2006); o segundo artigo foi censurado à época de sua publicação e se perdeu.

Os despossuídos

ções das atas da Dieta. No texto de Daniel Bensaïd, traduzido do francês por Mariana Echalar, as notas numeradas são do próprio autor, mas foram adaptadas no caso de se referirem a citações para as quais foi possível consultar a respectiva edição brasileira; já as notas com asteriscos são da edição e vêm acompanhadas de "(N. E.)".

A Boitempo agradece a todos que, de uma forma ou de outra, colaboraram com esta edição: tradutores, revisoras e diagramadoras, bem como à sua sempre aguerrida equipe interna. A editora é grata ainda à equipe da MEGA-2, em especial a seu diretor-executivo, Gerald Hubmann. Agradece também a Ricardo Prestes Pazello, professor de sociologia e antropologia do direito na Universidade Federal do Paraná, que, além de assinar o belo texto de orelha que acompanha este volume, contribuiu com a edição em questões referentes a terminologia. Também foram de grande auxílio em questões técnicas o professor emérito da Universidade Federal do Rio de Janeiro José Paulo Netto e o sociólogo marxista franco-brasileiro Michael Löwy. A ilustração de capa, que retrata um jovem Marx indignado com o cercamento da floresta, é do sempre inspirado Gilberto Maringoni. É no espírito desse jovem Marx que as classes menos favorecidas continuam encontrando um advogado à altura de suas grandes causas.

Janeiro de 2017

APRESENTAÇÃO

Os despossuídos: Karl Marx, os ladrões de madeira e o direito dos pobres

Daniel Bensaïd

O artigo de Marx a respeito dos "Debates sobre a lei referente ao furto de madeira" apareceu em partes na *Gazeta Renana* [*Rheinische Zeitung*], entre 25 de outubro e 3 de novembro de 1842. A sociedade civil renana havia herdado da Revolução Francesa e da presença dos franceses uma reforma jurídica centrada na livre disposição da propriedade privada e na igualdade abstrata dos sujeitos de direito, rompendo com as tradições feudais do direito germânico. Uma sociedade civil moderna começava a surgir, em conflito com o Estado prussiano. Enquanto a pequena burguesia intelectual se sentia atraída pela vida política francesa, o difuso movimento reivindicativo ligado à defesa dessas liberdades contra a restauração da ordem antiga continuava sob a hegemonia de uma burguesia industrial e comercial voltada para a Inglaterra. Em seu conjunto, essa burguesia liberal renana defendeu certas conquistas da revolução, entre as quais a manutenção dos códigos jurídicos franceses, a reforma comunal, as liberdades públicas. Esse sistema renano destoava no interior do reino prussiano. Durante 35 anos, o governo de Berlim dedicou-se energicamente a rebatê-lo com uma série de ataques indiretos e reformas parciais, acompanhados de uma expansão da burocracia administrativa prussiana encarregada de zelar por sua aplicação local. As medidas de censura contra a imprensa, que levariam ao fechamento da *Gazeta Renana* na primavera de 1843 e ao exílio voluntário de Marx na França, foram parte dessa ofensiva reacionária. Embora até 1848 o direito renano tenha sido objeto

Daniel Bensaïd

de uma disputa permanente entre o liberalismo renano e a monarquia prussiana, ele não conseguiu, porém, escapar de uma normatização burocrática progressiva a partir de 1815. Em 6 de março de 1821, o direito francês foi oficialmente revogado e substituído pelo direito em vigor no restante do reino. Em 1824, uma ordem do Gabinete determinou a introdução do direito prussiano no processo criminal. No mesmo ano, os castigos corporais foram restabelecidos no regime penitenciário. Em 1826, uma nova ordem atendeu à nobreza no que tocava ao restabelecimento do direito de primogenitura e pôs em dúvida o princípio de igualdade civil. Para fugir dessa reação, Heinrich Heine precedeu Marx, em 1831, no exílio parisiense.

I. A lei sobre o furto de madeira e o direito dos pobres

Nessa longa prova de força entre o liberalismo renano e a autocracia prussiana, a *Gazeta Renana* fez o papel de um protopartido da sociedade civil. Em 1842, Marx tornou-se redator-chefe do jornal. Sua correspondência com Bruno Bauer em 1841 e 1842 mostra bem a importância que ele dá à imprensa na época, como realização prática da teoria sustentada pelo movimento filosófico. Num artigo de 12 de maio de 1842*, Marx compara a lei preventiva sobre a censura, que "de lei só tem a forma", à "lei sobre a imprensa", que "é uma lei real, porque é a existência positiva da liberdade". Nos artigos de janeiro de 1843, destaca mais uma vez os elos estreitos que unem a imprensa e o espírito de um povo na formação de uma opinião e de um espaço público. Em 21 de janeiro, os ministros prussianos para a censura decidem que a *Gazeta Renana* deixaria de circular a partir de 1º de abril.

Nos artigos de 15 de janeiro, apoiando aqueles do correspondente da Mosela sobre a situação dos viticultores renanos, Marx afirma novamente que um "correspondente de jornal faz parte, com plena cons-

---

* Os artigos de Marx datados de 5, 8, 10, 12, 15 e 19 de maio de 1842 estão reunidos no capítulo "Debates sobre a liberdade de imprensa e comunicação", em *Liberdade de imprensa* (trad. Cláudia Schilling e José Fonseca, Porto Alegre, L&PM, 2006). (N. E.)

ciência, da voz do povo, tal como ela chega aos seus ouvidos". Ele não pode "senão considerar a si mesmo um membro menor de um corpo de múltiplas ramificações, dentro das quais ele escolhe livremente uma função"[1]. Seguindo essa lógica, Marx reivindica o anonimato dos artigos (o seu não é assinado e, muito depois de sua morte, Engels ainda tinha dúvidas sobre sua autenticidade), "relacionado à natureza da imprensa diária". O nome próprio "isolaria tão rigidamente cada artigo como o corpo isola as pessoas umas das outras", "seria o mesmo que negar totalmente o fato de que um artigo é apenas um membro complementar", e o jornal, "o lugar em que se juntam várias opiniões individuais" para formar "o órgão de um único espírito". Não saberíamos explicitar melhor a função partidária atribuída à *Gazeta Renana* na época.

Três dias depois, Marx volta ao assunto: "Produzida pela opinião pública, a imprensa livre também produz a opinião pública". Ela se comporta "em relação à situação do povo" como "inteligência, mas também como coração"[2]. Essa insistência na função do debate público faz parte da tradição liberal das Luzes, definida como o exercício público da razão crítica. Na Renânia dos anos 1830, a tensão entre a sociedade civil e o Estado estava no centro da controvérsia pública. Publicada em 14 de janeiro de 1842, a instrução de censura de 24 de dezembro de 1841 entra nesse contexto como um evento marcante. Marx reage de imediato: "Uma lei que incrimina as convicções não é uma lei do Estado para os cidadãos, mas uma lei de um partido contra outro". Consequentemente, ela não é mais uma lei, "mas um privilégio": "Uma sociedade em que somente um órgão se crê detentor único e exclusivo da razão de Estado e da moral concreta de Estado, em que um governo se opõe por princípio ao povo", é uma sociedade em que a "má consciência inventa leis de vingança".

Em 1859, ao falar do "desenvolvimento de seus estudos sobre economia política", Marx recordará o contexto de conflito em que foi levado a se interessar diretamente pelas questões sociais:

---

[1] *Gazeta Renana*, Colônia, 15 jan. 1842.

[2] *Gazeta Renana*, Colônia, 18 jan. 1842.

Daniel Bensaïd

Em 1842-1843, na qualidade de redator-chefe da *Gazeta Renana*, tive de falar pela primeira vez, *e com grande embaraço*, daquilo que se denominam os interesses materiais. Os debates da Dieta Renana sobre o furto de madeira e a divisão do solo, a polêmica iniciada pelo senhor von Schaper, então governador da província renana, contra a *Gazeta Renana* a respeito da situação dos camponeses da Mosela, e, por fim, os debates sobre o livre-câmbio e o protecionismo deram-me ocasião, pela primeira vez, de tratar de questões econômicas.[3]

É em plena luta pela sobrevivência do jornal que Marx, no fim de 1842, toma a decisão de romper com a fração berlinense do movimento neo-hegeliano. Esse rompimento constitui um primeiro passo em sua evolução do liberalismo renano para o socialismo. É exatamente da mesma época da série de artigos sobre o furto de madeira e anuncia os manuscritos de Kreuznach, escritos ao longo do verão de 1843, nos quais Marx acerta as contas com a herança da filosofia hegeliana do Estado. É também um preâmbulo para os dois importantes artigos, "Crítica da filosofia do direito de Hegel" e "Sobre a questão judaica"*, publicados em Paris no início de 1844 no único número dos *Anais Franco-Alemães*. Nesses textos – dos quais o primeiro marca a entrada estrondosa do proletariado na obra do sociólogo alemão –, Marx denuncia "a ilusão política" que consiste em tomar a emancipação cívica pela última palavra da "emancipação humana", e põe na ordem do dia uma revolução nova, inédita, inaudita: uma revolução social[4].

---

[3] Karl Marx (1859), *Contribution à la critique de l'économie politique* (Paris, Éditions Sociales, 1977).

* Eds. bras.: *Crítica da filosofia do direito de Hegel, 1843* (trad. Rubens Enderle e Leonardo de Deus, 3. ed., São Paulo, Boitempo, 2013); *Sobre a questão judaica* (trad. Nélio Schneider e Wanda Caldeira Brant, São Paulo, Boitempo, 2010). (N. E.)

[4] Essa apresentação dos artigos de 1842 é inspirada no livro de Pierre Lascoumes e Hartwig Zander, *Marx: du "vol de bois" à la critique du droit* (Paris, PUF, 1984), que constitui um documento insubstituível. Sobre a virada filosófica de 1843-1844, ver em especial Stathis Kouvélakis, *Philosophie et révolution* (Paris, PUF, 2004), e a apresentação de Daniel Bensaïd em Karl Marx, *Sobre a questão judaica*, cit., p. 9-29.

Os despossuídos

"Pauperismo rural" e "delitos florestais"

A virada de 1842-1843 dá início à superação daquilo que Louis Althusser definiu como "o momento racionalista liberal" de Marx. Nessa mudança, a polêmica sobre o "furto de madeira" tem um lugar importante. Ela responde às deliberações de junho de 1842 da Dieta Renana sobre um "relatório referente ao furto de madeira e outros produtos da floresta". Esse relatório faz parte de uma série de medidas, entre as quais a "lei florestal" de julho de 1841, emendada em 1843 pela introdução de um novo regime de caça. Como as dietas provinciais possuíam prerrogativas limitadas diante do poder central de Berlim, suas competências legislativas são muito reduzidas. A Dieta Renana é composta de deputações por "estamentos" (deputados da cidade, do campo e da nobreza), dispondo de um número igual de vozes (25 para cada, o que resulta numa super-representação da nobreza). A renda fundiária e a taxa fiscal são os únicos critérios de elegibilidade levados em consideração no caso da deputação das cidades e do campo.

A proposta de lei submetida à Dieta em nome de Frederico Guilherme, "Rei da Prússia pela Graça de Deus", diz respeito às "seguintes defraudações":

1. Toda madeira de floresta ainda não derrubada; 2. Toda madeira verde, fora das florestas, destinada à exploração; 3. Toda madeira quebrada acidentalmente ou derrubada em troncos inteiros cuja preparação ainda não tenha começado; 4. Aparas e madeira de obra ainda não preparadas que se encontrem nas florestas e nos depósitos.

Os diferentes parágrafos estabelecem uma regra de avaliação dos delitos e das penas correspondentes, caso "o furto seja cometido à noite ou em um feriado", caso "o autor tenha se disfarçado com agasalhos ou enegrecido o rosto" para não ser reconhecido, caso tenha fornecido informações falsas sobre sua identidade etc. O §14 estipula ainda: "Todas as multas devidas por furto de madeira, ainda que sejam pagas por várias pessoas na qualidade de cúmplices ou beneficiá-

Daniel Bensaïd

rias, pertencem ao proprietário florestal, assim como o trabalho força-do de todos os condenados insolventes". O §16 especifica: "Se, em razão da indigência do autor ou das pessoas responsabilizadas em lugar dele, a multa não puder ser cobrada, esta será substituída por trabalho ou pena de prisão". E o §19 acrescenta: "O trabalho forçado que o condenado deve efetuar consiste, primeiramente, no trabalho florestal para o proprietário florestal".

A série de artigos de Marx sobre os debates relativos ao furto de madeira, publicada entre 25 de outubro e 3 de novembro, faz parte de um conjunto dedicado aos debates da Dieta Renana. Junto com os artigos posteriores sobre a situação dos camponeses da Mosela, são os únicos que tratam diretamente da questão social. Em 1851, o futuro prefeito de Colônia, Hermann Becker, planejou uma reedição dos artigos de Marx publicados entre 1842 e 1851. Foi desse modo que o exemplar da *Gazeta Renana* com o artigo sobre o furto de madeira, corrigido de próprio punho para essa edição, pôde ser encontrado muito tempo depois nos arquivos municipais de Colônia.

O aumento do furto de madeira ao qual responde a proposta de lei apresentada à Dieta aparece incontestavelmente como "uma conse-quência do pauperismo rural", então em pleno crescimento[5]. Trata-se de punir a apropriação ilegal de madeira e outros produtos florestais por parte de camponeses pauperizados em massa, na medida em que essa apropriação não visa mais somente ao consumo imediato de ma-deira, mas à venda dela como mercadoria (a madeira era uma matéria--prima muito procurada). Pierre Lascoumes e Hartwig Zander citam a lista de "delitos florestais e suas causas econômicas" feita por um guarda-florestal: furto de mirtilos e outros frutos do bosque; furto de produtos florestais necessários à produção de escovas e vassouras, ou usados como alimento para o gado; furto de gravetos para a produção de torniquetes; furto de madeira para o conserto de utensílios domés-ticos ou agrícolas; furto de madeira para a construção de ripas de te-

---

[5] Hans Stein, "Karl Marx und der rheinische Pauperismus des Vormärz", em *Jahrbuch des Kölnischen Geschichtsvereins*, 1932, v. 14, p. 130-47.

Os despossuídos

lhado; furto de madeira para a confecção de varas de lúpulo; furto de madeira para fazer escadas, cavaletes, andaimes; furto de vime para fazer cestos; furto de feixes de madeira para usar como lenha... Inventário edificante! Tudo isso são bens comercializáveis, sem os quais não se poderia mais assegurar a existência, até porque o próprio uso doméstico estava cada vez mais sujeito à circulação comercial.

Lascoumes e Hartwig resumem bastante bem o fundo do litígio:

> O Estado prussiano viu-se obrigado a resolver de uma vez por todas os problemas jurídicos referentes à contradição entre o direito dos possuidores e o direito de propriedade. Essa questão deveria redundar no problema do gozo individual de um bem adquirido mediante o direito de uso. A madeira distribuída aos possuidores podia ser considerada propriedade destes ou, ao contrário, devia ser classificada como um "bem natural", que podia ser utilizado somente para a satisfação imediata de necessidades elementares? Podemos entender a importância do que está em jogo quando lembramos que a política do fisco dominial não podia admitir em hipótese alguma que simples possuidores atuassem como proprietários e aparecessem como concorrentes no mercado monopolizado que o fisco administrava de acordo com o princípio de venda a quem desse mais.[6]

O dilema vem precisamente do fato de que a integração da madeira no circuito de criação de valor comercial torna seu valor de uso e seu valor de troca indissociáveis. O desafio da nova legislação é fazer valer o direito de propriedade, distinguindo com rigor os títulos de propriedade dos títulos de necessidade, a economia de troca da economia de subsistência. Em consequência, a evolução do dispositivo de sanções penais institucionaliza novas formas de delinquência e criminalidade social.

Para abordar a "questão terrena propriamente dita" do "parcelamento da propriedade fundiária", Marx reconhece não dispor da proposta de lei, mas ter apenas "esboços de emendas" da Dieta e um

---

[6] Pierre Lascoumes e Hartwig Zander, *Marx*, cit., p. 104.

Daniel Bensaïd

relatório lacunar das deliberações. O que está em jogo no debate é exatamente a definição de propriedade. O projeto de lei pretende qualificar como furto tanto apanhar galhos na "árvore verdejante" como coletar madeira. Em ambos os casos, haveria "apropriação de madeira alheia", logo, um delito classificável como "furto". "Para apropriar-se de madeira verde", ironiza Marx,

> é preciso separá-la com violência de sua ligação orgânica. Assim como isso representa um atentado evidente contra a árvore, representa um atentado evidente contra o proprietário da árvore.
>
> Ademais, se a madeira cortada for furtada de um terceiro, ela é produto do proprietário. Madeira cortada já é madeira formada. A ligação natural com a propriedade foi substituída pela ligação artificial. Portanto, quem furta madeira cortada furta propriedade.
>
> No caso da madeira caída no chão, em contraposição, nada é tirado da propriedade. Tira-se da propriedade o que já foi tirado dela. O ladrão de madeira profere uma sentença autocrática contra a propriedade. O coletor de madeira seca apenas executa uma sentença já proferida pela própria natureza da propriedade, pois o que se possui é a árvore, mas a árvore já não possui aqueles galhos.
>
> Desse modo, ajuntar madeira seca do chão e roubar madeira são coisas essencialmente diferentes. O objeto é diferente, a ação em relação ao objeto não é menos diferente e, portanto, a intenção também tem de ser diferente, pois que outro critério objetivo teríamos para julgar a intenção além do conteúdo e da forma da ação? E, a despeito dessa diferença essencial, ambas as coisas são chamadas de furto e punidas como furto.

Marx contesta a lógica da lei fingindo adotar o ponto de vista do proprietário, cujo direito de propriedade reivindicado seria legitimado pelo fato de a árvore crescer em seus domínios, ou de a madeira preparada (transformada por trabalho) ter saído dela. Nesse caso, o coletor de madeira teria o direito de apresentar um argumento derivado de uma interpretação legítima de um direito supostamente natural: a madeira morta não pertence mais à árvore e, por consequência, nem ao proprietário da árvore. Resulta disso que não se pode juntar os dois atos

Os despossuídos

num mesmo delito, salvo se for ignorada a diferença entre os atos por meio dos quais se manifesta a intenção. Capciosamente, Marx sugere que essa confusão poderia se voltar contra o proprietário. Esse "ponto de vista brutal", que "registra apenas uma determinação comum em atos diferentes e ignora a diferença", acabaria negando a si mesmo: "Se todo atentado contra a propriedade, sem qualquer distinção, sem determinação mais precisa, for considerado furto, não seria furto também toda propriedade privada?". A controvérsia se desloca da questão da delimitação de um direito legítimo de propriedade para a questão da legitimidade da propriedade privada como tal, levantada dois anos antes por Proudhon em sua dissertação *O que é a propriedade?*.

O segundo ângulo de ataque contra a proposta de lei diz respeito à problemática relação entre delito e pena:

A importância do valor para a determinação da pena no caso de atentados contra a propriedade é óbvia. Se o conceito do crime exige a pena, a realidade do crime exige uma medida da pena. O crime real é limitado. A pena deverá ser limitada para ser real, e terá de ser limitada conforme um princípio legal para ser justa. A tarefa consiste em fazer da pena a consequência real do crime. Ela deve então aparecer ao criminoso como o efeito necessário de seu próprio ato e, por conseguinte, como *seu próprio ato*. O limite de sua pena deve ser, portanto, o limite de seu ato. O *conteúdo* determinado que foi violado é o limite do crime determinado. A medida desse conteúdo é, pois, a medida do crime. Essa medida da propriedade é seu *valor*. A personalidade existe sempre inteira em todo limite, enquanto a propriedade existe sempre apenas em um limite que não só é determinável, mas também determinado, não só mensurável, mas também medido. O valor é a existência burguesa da propriedade, a palavra lógica pela qual ela começa a adquirir compreensibilidade e comunicabilidade social.

A quantificação judicial apresenta-se como um sistema de equivalências e proporções entre os delitos e as penas. Em um atentado contra a propriedade, a medida da pena expressa a medida social "compreensível e comunicável" da propriedade.

Daniel Bensaïd

Encarregando o guarda-florestal, "a serviço do proprietário florestal e pago por ele", de avaliar o prejuízo, garantindo a inamovibilidade do guarda denunciante e constrangendo o acusado a uma multa ou trabalho forçado devido ao proprietário, a proposta de lei mostra-se incapaz de "erguer-se ao ponto de vista do Estado". Ao contrário, rebaixa-se "aos meios irracionais e contrários ao direito". A lógica que "transforma o empregado do proprietário florestal em autoridade do Estado" e "a autoridade do Estado em empregada do proprietário florestal", essa confusão do público com o privado, do guarda senhorial com o juiz civil, perpetua a "jurisdição patrimonial" em detrimento do Estado de direito racional.

Propriedade híbrida e incerta

O que está em jogo por trás do debate da Dieta sobre o furto de madeira é a distinção moderna de privado e público e sua aplicação ao direito de propriedade. Atestada pelas estatísticas jurídicas da época, a importância quantitativa do furto de madeira ilustra tanto o vigor das práticas consuetudinárias do direito de uso quanto a crescente penalização dessas práticas pela sociedade capitalista em formação. Esse período de transição é um momento decisivo na redefinição das relações de propriedade. Como constata o historiador E. P. Thompson a propósito da Inglaterra do século XVIII, o direito torna-se um instrumento privilegiado para impor "novas definições de propriedade" em benefício dos proprietários, "fazendo desaparecer os direitos de uso agrários não definidos, ou acelerando o movimento dos cercamentos"[7]. Com a supressão da sobreposição de direitos individuais e coletivos sobre um mesmo bem, manifesta-se uma oposição entre duas concepções antagônicas de propriedade, que se resolveria a favor do domínio absoluto do proprietário privado:

---

[7] E. P. Thompson, "Modes de domination et révolutions en Angleterre", *Actes de la recherche en sciences sociales*, v. 2, n. 2-3, 1976, p. 139.

Os despossuídos

A importância dos litígios na questão florestal atesta, de um lado, o estabelecimento de um novo código de definição da propriedade e, mais amplamente, a imposição de um sistema jurídico baseado no individualismo (condição para a troca generalizada), rompendo com os princípios consuetudinários.[8]

É exatamente isso que Marx sublinha quando lembra em seu artigo que o fechamento dos conventos e o fim do auxílio que eles prestavam aos pobres obrigaram estes últimos – "sem compensação" e "privados de um antigo direito" – a se oferecer ao assédio do mercado. Porque "todos os direitos consuetudinários dos pobres baseavam-se no fato de que certo tipo de propriedade tinha *um caráter incerto*, que não a definia em absoluto como propriedade privada, mas tampouco decididamente como propriedade comum". A supressão brutal das "*formações híbridas e incertas da propriedade*" implica a supressão simultânea das obrigações dessa "propriedade dúbia" para com os pobres e dos privilégios públicos. Mas o novo direito, baseado no entendimento racional moderno, pretende ignorar que, "do ponto de vista do direito estritamente privado", ele se encontra diante de um direito duplo, o do possuidor e o do não possuidor. Preocupado demais em dar um caráter civil à propriedade e garantir o direito dos proprietários, ele omite o fato de que:

há certos objetos da propriedade que, por sua natureza, jamais poderão adquirir o caráter de propriedade privada predeterminada, objetos que estão sujeitos ao direito de ocupação por sua essência elementar e por sua existência contingente, ficando sujeitos, portanto, ao direito de ocupação da classe que está excluída do direito de ocupação de qualquer outra propriedade e que, na sociedade burguesa, assume a mesma posição que aqueles objetos na natureza.

Em outras palavras, o novo direito pretende abolir o direito imprescritível dos pobres ao bem comum oferecido pela natureza.

---

[8] Pierre Lascoumes e Hartwig Zander, *Marx*, cit., p. 108.

Daniel Bensaïd

A invocação de um "estatuto natural" dos objetos parece se referir à tradição do direito natural, e a invocação do "direito de ocupação", ou *jus nullius*, parece conceder um direito sobre um "bem de ninguém" ao primeiro que o ocupar. Essa justificação jurídica serviu para legalizar a apropriação colonial de terras decretadas virgens. Marx explora a lógica paradoxal do argumento: quando a propriedade não é legitimada, como em Locke, por uma ação transformadora do objeto (por um trabalho), o direito de ocupação depende de um ato de violência inicial (a "tomada das terras" no caso das conquistas coloniais). Esse direito é universalizável. Portanto, deve beneficiar igualmente a classe que, "excluída de toda propriedade", encontra-se, como os objetos em questão, numa espécie de estado de natureza pré-civil ou pré-jurídico. Essas formulações anunciam aquelas (mais bem elaboradas) presentes no ano seguinte na *Crítica da filosofia do direito de Hegel*. A possibilidade da emancipação alemã reside "na formação de uma classe de laços radicais, de uma classe da sociedade civil que não seja uma classe da sociedade civil, de um estamento que seja a dissolução de todos os estamentos". Essa classe tem o nome que lhe convém: "Tal dissolução da sociedade, como um estamento particular, é o proletariado"[9].

O mercado contra a economia popular

Marx contenta-se em contrapor o direito consuetudinário antigo ao formalismo contratual do direito jurídico, ou simplesmente se serve dele para trazer à luz as contradições em que a nova legislação se enredou? A segunda preocupação prepondera, sem dúvida. Trata-se de destacar as incoerências que resultam da tensão entre uma sociedade civil fundada na generalização das relações contratuais e um Estado que supostamente deveria representar de modo racional um interesse não contratual. Essas contradições marcam os limites da emancipação "somente política" analisados um ano depois em

---

9   Karl Marx, *Crítica da filosofia do direito de Hegel* (trad. Leonardo de Deus e Rubens Enderle, São Paulo, Boitempo, 2005), p. 156.

Os despossuídos

Sobre a questão judaica. Mas a referência ao direito consuetudinário não é uma simples tática discursiva. Sob efeito da Revolução Francesa, os direitos fiscais tiveram de ceder terreno ao campesinato mediante o reconhecimento dos antigos usos nas florestas dominiais. A indeterminação de certo tipo de propriedade, híbrida ou incerta, a meio caminho entre propriedade privada e propriedade comunal, correspondia às formas feudais de socialização da terra. Os direitos de uso dos comuns se referiam sobretudo à criação de animais (direito de passagem, pasto, respiga) e à exploração das florestas (coleta de madeira morta). A partir do século XVII, os novos nobres dedicaram-se a restringir esses direitos populares. Na França, o decreto de Colbert sobre águas e florestas, de agosto de 1669, limitava o direito de respiga a quatro meses do ano e proibia o pastio de ovinos e a coleta de madeira morta. Essas restrições suscitaram movimentos de resistência camponesa muito conhecidos dos historiadores.

Quando o homem, como sujeito individual e parte de um contrato, torna-se a medida das práticas sociais, a propriedade se define em relação a ele como propriedade privada. Na idade clássica, o estatuto da propriedade evoluiu progressivamente para um "absolutismo da propriedade". Ela passou "de um estado de encargo natural para o de direito de base"[10], do estado de bem para o de direito subjetivo: "O absolutismo da propriedade é, antes de tudo, a abolição da relatividade da propriedade feudal, segundo a qual se podia ser ao mesmo tempo proprietário *vis-à-vis* uma pessoa e beneficiário de um encargo real *vis-à-vis* outra, com relação a uma mesma terra"[11]. Esse direito subjetivo não se contenta em regular as relações interindividuais, mas permite ações jurídicas. Contendo em si uma dinâmica de expansão de seus campos de aplicação, a noção moderna de propriedade entra em conflito com sua concepção antiga como modo de posse passiva. Assim, somente no século XVIII o movimento de cercamentos (a

---

[10] Pierre Lascoumes e Harwig Zander, *Marx*, cit., p. 242.

[11] Zénati, "Essai sur la nature juridique de la propriété" (Lyon, fotocópia), citado em idem.

Daniel Bensaïd

apropriação de terras comunais pelos grandes proprietários de terra), iniciado na Inglaterra no fim do século XV, recebeu unção legal. Foi aí que "a própria lei se tornou o instrumento da espoliação"[12].

Essa evolução não aconteceu sem conflitos sociais violentos. Karl Polanyi chamou a atenção para "um grande ato de solidariedade social" que retardou em quarenta anos a instauração de um mercado de trabalho concorrencial na Inglaterra. Desde então, esse ato é conhecido como Speenhamland, localidade do condado de Berkshire onde em 1795 os notáveis decidiram assegurar aos pobres de cada paróquia, quer tivessem trabalho ou não, um mínimo vital indexado ao preço do pão, levando em consideração seus encargos familiares. Esse sistema, que entrementes se ampliou, foi substituído por uma nova lei dos pobres. Reconhecendo o "direito de viver", a Lei de Speenhamland, afirma Polanyi, "impediu com eficácia, até sua revogação em 1834, a criação de um mercado concorrencial de trabalho"[13].

A lei dos pobres de 1834 significou, portanto, a revogação do "direito de viver":

A crueldade científica da lei chocou tanto o sentimento público nos anos 1830 e 1840, e os protestos dos contemporâneos foram tão veementes, que a posteridade fez uma ideia errada da situação. É fato: muitos dos pobres mais necessitados foram abandonados à própria sorte quando o auxílio em domicílio foi eliminado, e entre os que sofreram mais amargamente encontravam-se os pobres meritórios, orgulhosos demais para se abrigar nos asilos (as *workhouses*), que haviam se tornado uma estada vergonhosa. Nunca talvez, em toda a era moderna, perpetrou-se um ato de reforma social tão impiedoso; pretendendo simplesmente fornecer um critério de penúria autêntica, com a experiência da *workhouse*, ele esmagou legiões de vida [...]. Contudo, o grosso das queixas provinha da brutalidade com que se extirpara uma instituição antiga e se aplicara às pressas uma reforma radical. Mas, se apenas a renda em dinheiro fosse

---

[12]   Ernst Bloch, *Droit naturel et dignité humaine* (Paris, Payot, 1976).

[13]   Karl Polanyi, *La grande transformation* (Paris, Gallimard, 1972), p. 115 [ed. bras.: *A grande transformação*, trad. Fanny Wrobel, 2. ed., Rio de Janeiro, Elsevier, 2012].

Os despossuídos

levada em conta, não se tardaria a avaliar que a condição popular melhorara [...]. Se, com a Speenhamland, tomou-se conta das pessoas como animais sem muito valor, esperava-se que agora elas próprias tomassem conta de si, apesar de todas as chances serem contra elas. Se a Speenhamland representava o aviltamento de uma miséria protegida, agora o trabalhador não tinha abrigo na sociedade. Se a Speenhamland abusou dos valores da localidade, da família e do contexto rural, agora o homem era arrancado do próprio lar e dos parentes, separado das raízes e do meio que tinham sentido para ele. Em suma, era apodrecer na imobilidade, e o risco agora era morrer de frio.[14]

É evidente para Polanyi que a avaliação da situação social dos pobres é radicalmente diferente conforme seja medida em termos de solvência monetária ou de garantia das necessidades elementares. Marx faz uma observação análoga na introdução de 1844 da *Crítica da filosofia do direito de Hegel*, quando distingue a pobreza resultante de condições naturais (catástrofes naturais, caprichos do clima) da "pobreza produzida artificialmente" pelas relações sociais de exploração modernas.

É certo que os iniciadores da Lei de Speenhamland não eram puros filantropos. Provavelmente tentaram preservar certo *statu quo* nas relações sociais e familiares e amortecer os efeitos devastadores da acumulação primitiva do capital. É possível que em sua visão de mundo houvesse também uma mistura de tradições e considerações religiosas. É isso que o historiador E. P. Thompson define, a propósito das revoltas de subsistência na Europa, como uma "economia moral" ou popular, em outras palavras, como uma "economia submetida ao direito natural à existência", esse direito que, na Constituição Francesa do Ano II (1793), ainda inspira a subordinação do direito de propriedade ao direito de existência.

Segundo Thompson, quase todos os movimentos populares do século XVIII manifestam uma ideia de legitimidade, baseada na certeza de defender direitos e costumes tradicionais. Desde o seu projeto de Declaração dos Direitos do Homem de 23 de agosto de 1789, Marat

---

[14] Ibidem, p. 120.

Daniel Bensaïd

foi um dos únicos a explicitar o antagonismo entre o direito de propriedade e o direito à existência:

> Enquanto a natureza oferece em abundância aos homens do que se alimentar e vestir, tudo vai bem e pode reinar a paz na terra. Mas quando falta tudo a um, ele tem o direito de tirar do outro o supérfluo que lhe sobra [...]. Para conservar a vida, o homem tem o direito de atentar contra a propriedade, a liberdade e a vida de seus semelhantes.[15]

Em 2 de dezembro de 1789, denunciando os danos associados do liberalismo econômico e da lei marcial, Robespierre desafiou o mais escrupuloso defensor da propriedade a declarar abertamente "que entende por essa palavra o direito de desapossar e assassinar seus semelhantes": "Como se pôde pretender que toda espécie de estorvo, ou melhor, que toda regra sobre a venda do trigo era um atentado contra a propriedade e disfarçar esse sistema bárbaro debaixo do nome capcioso de liberdade de comércio?". À prova da dinâmica revolucionária, Robespierre conclui que o primeiro dos direitos imprescritíveis é o da existência:

> Definindo a liberdade como o primeiro dos bens do homem, o mais sagrado dos direitos que eles têm da natureza, dissestes com razão que o limite dela são os direitos do outro. Por que não aplicastes esse princípio à propriedade, que é uma instituição social? Como se as leis eternas da natureza fossem menos invioláveis do que as convenções dos homens.[16]

No inverno do Ano II, a luta das classes na França levou a um ponto de ruptura a oposição entre o direito de propriedade e o direito

---

[15] Citado em Christine Fauré, *Les déclarations des droits de l'homme de 1789* (Paris, Payot, 1988), p. 110.

[16] Projeto de Declaração dos Direitos do Homem de abril de 1793, em Robespierre, *Pour le bonheur et pour la liberté* (Paris, La Fabrique, 2000), p. 231. O artigo 12 desse projeto estipula: "A sociedade é obrigada a prover à subsistência de todos os seus membros, seja proporcionando-lhes trabalho, seja garantindo meios de existência aos que não têm condições de trabalhar".

à existência[17]. Em nome dessa "economia política popular", Robespierre respondeu aos argumentos dos economistas liberais em um discurso feito em 10 de maio de 1793.

Florence Gauthier vê nessa "economia política popular" a expressão "de um liberalismo político de direito natural universal, centrado na liberdade, à qual o direito à vida e aos meios de existência está indissoluvelmente ligado"[18]. Disso, Florence Gauthier e Guy-Robert Ikni concluem que:

> A contradição que explodiu entre a liberdade política e a liberdade econômica, isto é, no centro do direito natural, entre o direito natural de propriedade dos bens materiais, direito particular, e o direito natural à vida e à liberdade, direito universal, levou os proprietários a renunciar ao humanismo das Luzes e rechaçar o direito natural universal.[19]

Meio século depois, à sombra das barricadas de junho de 1848, não haveria mais dúvida sobre o que estava em jogo nessa guerra social das propriedades:

> Em breve, a luta política se estabelecerá entre os que possuem e os que não possuem; o grande campo de batalha será a propriedade, e as principais questões políticas se basearão nas modificações mais ou menos profundas que se deverão fazer no direito dos proprietários.[20]

Os herdeiros de Tocqueville têm a quem puxar.

---

[17] Daniel Guérin, *La lutte des classes sous la Ière République* (Paris, Gallimard, 1968).

[18] Florence Gauthier, "De Mably à Robespierre: de la critique de l'économique à la critique du politique (1775-1793)", em Florence Gauthier e Guy-Robert Ikni (orgs.), *La guerre du blé au XVIIIe siècle: la critique populaire contre le libéralisme économique au XVIIIe siècle* (Paris, Passion, 1988), p. 137. Encontramos nessa mesma coletânea o importante artigo de E. P. Thompson sobre "A economia moral da multidão na Inglaterra do século XVIII".

[19] Florence Gauthier e Guy-Robert Ikni, "Introdução", em ibidem, p. 19.

[20] Alexis de Tocqueville, *Souvenirs* (Paris, Gallimard, 1978), p. 48.

Daniel Bensaïd

Nos artigos de 1842, portanto, Marx apoia-se no direito consuetudinário para criticar o endurecimento do direito de apropriação privada e as restrições dos direitos populares que são seu corolário obrigatório. Mas ele não cai nas ambiguidades dos costumes e da tradição. Ele sabe muito bem que o costume é um título vasto, capaz de abranger interesses opostos. Assim, os chamados "costumes dos privilegiados" são apenas "costumes contrários ao direito", cuja origem remonta a épocas em que a história da humanidade era apenas uma parte da história natural. O feudalismo ainda é esse "reino animal do espírito", e os privilégios consuetudinários são a expressão de uma desigualdade animal fixada por leis: "Quando os privilegiados pelo *direito legal* apelam para os seus *direitos consuetudinários,* eles exigem, em lugar do conteúdo humano, a forma animal do direito, que agora perde sua realidade, tornando-se mera máscara animal".

Marx não é nada nostálgico dos "usos e costumes" de antigamente. Ao contrário, num artigo de 12 de agosto de 1842, ele desanca "o manifesto filosófico da escola do direito histórico", que chama de "a teoria alemã do Antigo Regime francês". No caso do furto de madeira, ele aplica-se simplesmente a mostrar o significado social que toma a deslegitimação em nome dos princípios constitucionais do costume enquanto fonte contraditória do direito. É contra a monopolização estatal da produção do direito que a escola histórica alemã de Hugo, Grimm, Savigny e Beseler protesta, em nome de uma continuidade de regulamentações consuetudinárias fundamentadas numa história nacional específica. Mas faz isso do ponto de vista do direito consuetudinário dos privilégios feudais, e não do direito consuetudinário dos pobres.

A posição de Marx é outra. Trata-se de explicitar, por trás do ecumenismo do costume, o conflito entre dois direitos antagônicos: "se esses direitos consuetudinários da nobreza são costumes contrários ao conceito de direito razoável, os direitos consuetudinários da pobreza são direitos contrários ao costume do direito positivo". São esses direitos consuetudinários da pobreza, e não os privilégios consuetudinários, que "as legislações esclarecidas" atacam com parcialidade. Pelos costumes, "a classe pobre" sabia pegar "a propriedade com instinto certeiro por seu lado *indeciso*" a fim de atender a suas necessidades naturais. Ela considerava as "esmolas da natureza" sua legítima propriedade:

> No *ato de coletar*, a classe elementar da sociedade humana confronta-se com os produtos da potência elementar da natureza, ordenando-os. É o que ocorre com os produtos florestais, que constituem um acidente totalmente contingente da posse e que por sua insignificância não podem ser objeto da atividade do proprietário propriamente dito; é o que ocorre com os direitos da respiga, com os da segunda colheita e com outros direitos consuetudinários desse tipo.

Apresentado com frequência como uma fonte natural do direito, o costume é em si mesmo uma construção social contraditória. Falar de "costume popular" para contrapô-lo ao costume dos privilégios não é em absoluto um pleonasmo. O direito considerado consuetudinário é ele próprio expressão de relações de força.

Nesse sentido, "o direito consuetudinário dos pobres" pode se opor à igualdade formal entre as partes de um contrato enganador, santificado em nome de um "direito do homem" cuja proclamada universalidade cobre o interesse particular de uma classe dominante:

> Nós, porém, como pessoas nada práticas, reivindicamos para a massa pobre política e socialmente sem posses o que o corpo de servidores erudito e douto dos assim chamados historiadores inventou como a verdadeira pedra filosofal para transformar qualquer pretensão impura em puro ouro legal. Reivindicamos para a pobreza o *direito consuetudinário*, mais precisamente um direito consuetudinário que não seja local, mas que constitua o direito consuetudinário da pobreza em todos os países. Vamos ainda além e afirmamos que, por sua natureza, o direito consuetudinário *só* pode ser o direito dessa massa mais baixa, sem posses e elementar.[21]

---

[21] Karl Marx, *Gazeta Renana*, Colônia, n. 298, 25 out. 1842. Ele escreve mais adiante, no número de 27 out. 1842: "Nesses costumes da classe pobre há, portanto, um senso legal instintivo, sendo sua raiz positiva e legítima, e, nesse caso, a forma do *direito*

Daniel Bensaïd

"Entre direitos iguais", dirá Marx em *O capital*, "quem decide é a força"[22]. Entre dois direitos consuetudinários contrários, também é a força que resolve. Assim podemos seguir, na história social, o fio vermelho que liga o antigo direito consuetudinário, ou "a economia moral" dos pobres, aos direitos à vida, à existência, ao emprego, à renda e à moradia, oponíveis aos direitos da propriedade privada.

II. Guerra social das propriedades

Na Revolução Inglesa de 1649, os *levellers*[23] consideravam a propriedade que cada um tinha de sua própria pessoa o fundamento das constituições, e não o contrário. Na *Convocação* de julho de 1647, o *leveller* Overton proclama:

> É dada naturalmente a todo indivíduo vivo neste mundo uma propriedade individual que ninguém tem o direito de violar ou usurpar, pois o que faz que eu seja eu é o fato de eu ser proprietário desse eu. Em outras palavras, não tendo eu, eu não seria eu. Ninguém tem poder sobre meus direitos e liberdades; e eu não tenho poder sobre os direitos e liberdades de ninguém.

Ser livre é ser proprietário de si mesmo e, por extensão, dos meios e produtos de seu trabalho[24]. O ponto de partida dos *levellers* não é,

---

consuetudinário é tanto mais natural porque *a existência mesma da classe pobre* até agora é *simples costume* da sociedade burguesa, que ainda não encontrou um lugar adequado no âmbito da estruturação consciente do Estado".

[22] Karl Marx, *O capital: crítica da economia política*, Livro I: *O processo de produção do capital* (trad. Rubens Enderle, São Paulo, Boitempo, 2013), p. 309.

[23] *Levellers* (niveladores): a palavra surgiu durante as revoltas rurais de 1607. Depois serviu para designar a ala radical igualitária da Revolução Inglesa de 1647-1653. Os principais apoiadores dos *levellers* eram os artesãos, pequenos comerciantes, soldados rasos, trabalhadores independentes. No século XIX, a palavra serviu para estigmatizar "os comunistas, os comunas, os vermelhos".

[24] Ver Crawford Brough MacPherson, *La théorie politique de l'individualisme possessif* (Paris, Folio Essais, 2004), p. 234.

Os despossuídos

portanto, uma crítica à propriedade, mas uma concepção de igualdade sustentada num argumento teológico. No encontro de outubro de 1647 em Putney, presidido por Cromwell e seu genro Ireton, a principal controvérsia gira em torno da restrição censitária do direito de voto aos possuidores. O *leveller* Sexby se revolta:

> Milhares de soldados como nós arriscaram a vida; nós não recebemos propriedades na forma de bens, mas recebemos nosso direito de nascimento. Parece, porém, que, se um homem não tem propriedade estável no país, ele não tem direito. Admira-me que nos tenham enganado a esse ponto.

O *leveller* Rainsborough vai além:

> Vejo que é impossível ter liberdade sem que toda propriedade seja suprimida! Se isso é um princípio que se deve estabelecer, que assim seja. Mas eu gostaria de saber: por que o soldado combateu tanto até hoje? Ele combateu para se escravizar, para dar o poder aos ricos, aos proprietários de domínios, para fazerem dele um eterno escravo. Constatamos que, em todos os recrutamentos obrigatórios, não se recruta ninguém que faça parte dos proprietários de terra.

A crítica à propriedade derivada da defesa da liberdade e da igualdade conduz à distinção entre a propriedade de sua própria pessoa e a "propriedade na forma de bens".

Em 1649, a radicalização do processo revolucionário levou os *levellers* a transformar em questão central o antigo direito dos pobres e o restabelecimento das terras comunais em benefício dos pobres. A acusação contra o "*Tiranipócrita desmascarado*", datada de 14 de agosto*, traz à baila o conluio entre poder e propriedade:

> Os poderosos devem ser exemplarmente punidos, porque os pecados dos governantes são duplos e inaceitáveis: roubarás, tu que ordenas aos ou-

---

* "Tyranipocrit, discovered with his wiles, wherewith he vanquisheth", panfleto anônimo publicado em Roterdã. (N. E.)

Daniel Bensaïd

tros que não roubem? Serás ocioso, tu que ordenas aos outros que trabalhem? Serás soberbo, tu que instruis os outros a ser humildes? Mas esses ricos e astuciosos ladrões que não agem à beira das estradas para tomar a bolsa dos outros nem se esgueiram pelas janelas – porque encontraram maneira mais astuta, mais ímpia de roubar que a dos pobres ignorantes –, eles se creem em segurança. Porque a lei e o carrasco são seus escravos e ninguém se atreve a enforcá-los, eles se fazem ladrões por Lei do Parlamento, não sendo pois ladrões! De fato, tudo que furtam e roubam pertence a eles, pelo direito do leão da fábula, e, se necessário, podem apresentar pergaminhos em que está escrito que tal ou tal região, cidade, vila ou aldeia, que tais terras, casas, bens etc., que tudo pertence a eles.

Na carta que enviou à Câmara dos Comuns no mesmo ano, Pierre Chamberlen exigia que fosse outorgado "aos que enviam essa petição e a todos os pobres da Inglaterra":

1. O que resta dessas terras, bens e feudos. 2. Bem como tudo que é devido sobre as contas públicas. 3. Bem como tudo que é devido aos pobres no que tange às terras comunais não cultivadas, florestas, brejos, matagais, caça... 4. Bem como todas as minas não exploradas atualmente, toda terra invadida ou liberada pelo mar...[25]

Em resposta a essa agitação revolucionária, Hobbes esforçou-se para tirar a propriedade privada do alcance de seus detratores, em nome do direito natural igualitário, forma secularizada da igualdade das criaturas diante de Deus. Para ele, a propriedade é uma instituição fundamentada e garantida pelo Estado:

É atribuição da soberania todo poder de prescrever regras pelas quais cada indivíduo possa saber de quais bens pode gozar e quais ações pode executar sem ser molestado por seus congêneres; e é isso que se chama

---

[25] Sobre os *levellers*, ver Olivier Lutaud, *Les niveleurs: Cromwell et la république* (Paris, Julliard, 1967); Christopher Hill, *La Révolution anglaise 1640* (Paris, Passion, 1993) [ed. port.: *A revolução inglesa de 1640*, trad. Wanda Ramos, 3. ed., Lisboa, Presença, 1985].

Os despossuídos

propriedade [...]. A distribuição da matéria-prima da alimentação é a constituição do meu, do teu e do seu, isto é, da propriedade; e esta pertence em todos os tipos de Estado ao poder soberano. Com efeito, onde não existe o Estado, há uma guerra perpétua de cada um com seu vizinho, portanto toda coisa é daquele que a obtém e conserva pela força, o que não é nem propriedade nem comunhão, mas incerteza.

A introdução da propriedade é, portanto, "um efeito do Estado". Essa concepção tem como corolário que a pretensão de "cada indivíduo à propriedade de seus bens" tende a "dissolver o Estado"[26].

No entanto, em *Princípios da filosofia do direito*, Hegel ainda afirmará a primazia do "direito da miséria" sobre o direito de propriedade:

No risco supremo e no conflito com a propriedade jurídica de outrem, [a vida] tem um direito de miséria que pode fazer valer (*não como concessão graciosa, mas como direito*), na medida em que há, de um lado, uma violação infinita do ser e, portanto, uma ausência total de direito e, de outro, somente a violação de uma existência limitada da liberdade [...]. Do direito de miséria decorre o benefício da imunidade que o devedor recebe sobre sua fortuna; ficam-lhe as ferramentas de trabalho e os instrumentos de cultivo, na medida em que isso é considerado necessário para servir a seu sustento, considerando-se sua situação social. A miséria revela a finitude e, por conseguinte, a contingência do direito, assim como do bem-estar.[27]

Esse direito de miséria não é uma "concessão graciosa", uma forma pública e compassiva de caridade, mas um direito oponível ao direito de propriedade em situações de urgência social.

Tomando a defesa do correspondente da *Gazeta Renana* na Mosela contra os ataques do presidente da Dieta, von Schaper, Marx tam-

---

[26] Ver Thomas Hobbes, *Léviathan* (Paris, Gallimard, 2000), p. 297, 383, 482 [ed. bras.: *Leviatã*, trad. Rosina D'Angina, 22. ed., São Paulo, Ícone, 2008].

[27] Hegel, *Principes de la philosophie du droit* [trad. André Kaan, Paris, Gallimard, 1940], §127 e §128 [ed. bras.: *Princípios da filosofia do direito*, trad. Orlando Vitorino, São Paulo, Martins Fontes, 2009]. Encontramos um eco desse direito de miséria no direito francês com a denominação de "direito de necessidade".

Daniel Bensaïd

bém emprega o termo "miséria". No artigo de 15 de janeiro de 1843, justifica o estilo áspero daquele "que percebe de modo imediato e frequente a voz impiedosa da indigência em que o povo se encontra". Sendo assim, é "um dever político" manifestar publicamente "esse linguajar popular da miséria".

Direito de miséria contra direito de propriedade

Em seus artigos sobre o furto de madeira e a situação dos viticultores da Mosela, a questão da propriedade revela acima de tudo as contradições da relação entre a sociedade civil e o Estado. Marx, porém, aborda essas contradições ainda de um ponto de vista racionalista liberal. Em termos hegelianos, destaca por trás da questão do direito as incoerências do Estado moderno, que arruínam sua pretensão a uma racionalidade universal:

> Se, porém, se evidenciar aqui que o interesse privado quer e tem de rebaixar o Estado aos recursos do interesse privado, como não inferir disso que uma *representação dos interesses privados*, dos estamentos, quer e tem de rebaixar o Estado às ideias do interesse privado? Todo Estado moderno, por menos que corresponda ao seu conceito, será obrigado, diante da primeira tentativa prática de tal poder legislativo, a exclamar: seus caminhos não são os meus caminhos e seus pensamentos não são os meus pensamentos!

Verifica-se essa refutação prática das pretensões do Estado moderno ao se inverter sua suposta relação com a sociedade civil. Por meio de uma legislação como a referente ao furto de madeira, as autoridades públicas colocam-se à disposição do interesse privado, em vez de encarnar diante dele o interesse geral. Reduzindo-se à soma sem síntese das relações contratuais tecidas na sociedade civil, o Estado contradiz a racionalidade superior que Hegel lhe dá:

> O Estado, de maneira geral, não é um contrato, e sua essência substancial não é exclusivamente a proteção e a segurança da vida e da propriedade dos indivíduos isolados. Ele é, antes, a realidade supe-

Os despossuídos

rior, e até reivindica essa vida e essa propriedade e exige que elas lhe sejam sacrificadas.[28]

Essa redução do Estado a uma soma de relações contratuais privadas se manifesta de forma gritante, para Marx, no sistema de sanções que a lei aplica aos "culpados" de crimes florestais. Impondo o pagamento de multa ao proprietário ou então a execução de trabalhos forçados a seu serviço, a pena pública se transforma em compensação privada: "Haveria melhor modo de o proprietário florestal assegurar sua madeira do que o que aconteceu aqui, no qual o crime foi transformado em renda? Como um general habilidoso, transforma um ataque contra si em uma oportunidade infalível de ganho". No exercício de sua função régia, o Estado se comporta como um vulgar segurador dos proprietários:

a *pena* como tal, que é a restauração do direito, a ser muito bem diferenciada da reposição do valor e da indenização, isto é, da restauração da propriedade privada, converte-se de uma *pena pública* em uma *composição privada*, na qual as multas não são recolhidas para o caixa do Estado, mas para o caixa privado do proprietário florestal. [...] A madeira possui uma propriedade curiosa: assim que é roubada, ela angaria para o seu possuidor qualidades de Estado que ele antes não tinha. [...] O ladrão de madeira subtraiu madeira do proprietário florestal, mas o proprietário florestal usou o ladrão de madeira para subtrair o *próprio Estado.*

---

[28] Ibidem, §100. Esse parágrafo faz referência explícita a um trecho anterior (§75): "A natureza do Estado não consiste em relações de contrato, seja um contrato de todos com todos, seja de todos com o príncipe ou o governo. A intromissão dessas relações e daquelas da propriedade privada nas relações políticas causou sérias confusões no direito público e na realidade. Tal como outrora os privilégios públicos e as funções do Estado foram considerados propriedade imediata de certos indivíduos em detrimento do direito do príncipe e do Estado, assim também no período moderno os direitos do príncipe e do Estado foram fundados em contratos dos quais eles seriam objeto e que foram considerados uma simples vontade comum, resultante do livre-arbítrio daqueles que se encontram unidos no Estado. No entanto, por mais diferentes que sejam, esses dois pontos de vista compartilham o fato de terem transportado as características da propriedade privada para uma esfera que é de natureza diferente e mais elevada".

Daniel Bensaïd

O caso do furto de madeira deu a Marx, portanto, a oportunidade de tirar conclusões gerais sobre a realidade do Estado e suas funções perante a sociedade civil. A Dieta Renana não faltou a sua missão de interesse geral. Ao contrário, "*cumpriu cabalmente sua destinação*":

> Ela cumpriu sua *vocação* e representou certo *interesse particular*, tratando-o como fim último. O fato de ter pisoteado o direito para fazer isso é *simples consequência de sua tarefa*, pois o interesse é, por sua natureza, instinto cego, desmedido, unilateral, em suma, sem lei.

Embora declare que acompanhou "com relutância" esse "debate monótono e insosso", Marx não lamenta o tempo que lhe dedicou. A questão valia o esforço. Tratava-se de descobrir e mostrar com esse exemplo "o que se poderia esperar de uma *assembleia de representantes de interesses particulares*, se um dia fosse seriamente convocada a legislar". Contra esse tipo de assembleia corporativa, torna-se defensor apaixonado do sufrágio universal, arriscando-se a subestimar o fato de que tal sufrágio pode resultar, por vias mais tortas e bem menos visíveis, em uma "assembleia de interesses particulares".

Como bom racionalista liberal, diante das mistificações de um Estado falsamente universal e racional, nesses textos de 1842-1843 Marx atribui um papel importante à sociedade civil, em especial pelo viés da liberdade de imprensa e da constituição de um espaço público que permita a confrontação de interesses sociais opostos. Esse tema retornará tempos depois, transformado pela perspectiva de um "enfraquecimento do Estado", não por sua dissolução – e do direito – na "sociedade civil burguesa", ou pelo fim da política na administração das coisas, mas pela superação efetiva da grande cisão moderna entre sociedade civil e Estado, entre economia e política, privado e público, direitos do homem e direitos do cidadão, revolução política e revolução social.

"A propriedade é o furto!"

Anteriores à grande virada representada pela proibição da *Gazeta Renana*, em virtude de sua formação política, e pelos ensaios publicados em 1844 nos *Anais Franco-Alemães,* os artigos sobre o furto de madeira são a primeira incursão de Marx nas controvérsias, que naquele momento chegavam ao auge, sobre a definição e os limites do direito de propriedade. Se *O que é a propriedade?,* livro de Proudhon de 1840, é uma das contribuições polêmicas mais famosas, *Histoire du droit de propriété foncière en Occident,* de Édouard Laboulaye, foi coroado pela Academia Francesa em 1838[29].

A partir do século XVII, com as revoluções inglesa e holandesa, a transformação das formas de propriedade e o surgimento de uma nova divisão entre público e privado tornaram-se assunto delicado. A Revolução Francesa sacralizou constitucionalmente a propriedade, considerada, dentro do espírito liberal revolucionário, o fundamento e a garantia da liberdade individual do cidadão, e a dessacralizou em seguida, tornando oponível a ela o direito à existência, em especial no momento em que se estabeleceu um teto máximo para o preço do pão e dos produtos de primeira necessidade, imposto sob a ascensão dos *sans-culottes* no Ano II. Por sua legitimidade ter se tornado problemática, o Código Civil napoleônico tentou "definir tudo que possa se referir ao exercício do direito de propriedade, direito fundamental sobre o qual repousam todas as instituições". O artigo 544 do Código Civil considera que "propriedade" é o "direito de gozar e dispor das coisas da forma mais absoluta", dentro do quadro da lei. Ele libera desse modo o direito de propriedade das exigências e dos limites consuetudinários ou familiares.

O debate ganhou força de vez após o grande terror burguês das jornadas de junho de 1848. Em setembro desse mesmo ano, Thiers publica sua dissertação *De la propriété,* que define a propriedade privada como o fundamento de um direito ilimitado, exclusivo e absoluto, submetido à vontade de uma pessoa, e pertencente ao proprietário, "com a exclusão de todos os outros". Essa concepção termidoriana triunfante da propriedade é uma vingança dos vitoriosos

---

[29] Em 1866 aparece um novo ensaio póstumo de Proudhon, *Théorie de la propriété,* em que ele desenvolve uma oposição inconciliável entre direito comunal e propriedade privada com base em um estudo das sociedades eslavas, germânicas e árabes.

Daniel Bensaïd

de junho contra o espírito de Rousseau, que inspirou os convencionais na convulsão de 1793. O *Discurso sobre a origem e os fundamentos da desigualdade entre os homens* persegue a revolução: "O primeiro que, tendo cercado um terreno, atreveu-se a dizer: *Isto é meu*, e encontrou pessoas simples o bastante para acreditar nele, foi o verdadeiro fundador da sociedade civil". Como instituição social, portanto, a propriedade tem uma história e sua ideia "não se formou de uma só vez no espírito humano". O direito do agricultor sobre os meios e os produtos de seu trabalho, agora tornado perene, "transformou com facilidade" a simples posse em propriedade. Constituiu-se assim um novo tipo de direito, "o direito de propriedade diferente daquele que resulta da lei natural". Historicizando a noção de propriedade, Rousseau problematiza sua legitimidade. Com a hipótese de leis (imaginária como o contrato social original) que "criaram novos entraves para os fracos e novas forças para os ricos, destruíram em definitivo a liberdade natural, fixaram para sempre a lei da propriedade e da desigualdade"[30], seu discurso marca uma verdadeira mudança de época.

Em relação às tentativas de fundamentar a legitimidade da propriedade num direito natural de apropriação, pela ocupação ou pelo trabalho, a inversão é radical. Para Rousseau, o direito de propriedade não é mais do que "convenção e instituição humana", ao contrário "dos dons essenciais da natureza, tais como a vida e a liberdade, dos quais a cada um é permitido gozar e dos quais é duvidoso que se tenha o direito de privar"[31]. Com isso se estabelece a oponibilidade inalienável do direito à existência (à "vida"!) ao direito de propriedade privada.

***

---

[30] Jean-Jacques Rousseau, *Discurso sobre a origem e os fundamentos da desigualdade entre os homens* (trad. Maria Ermantina Galvão, São Paulo, Martins Fontes, 1999), p. 203 e 222.

[31] Ibidem, p. 230.

Os despossuídos

À medida que as relações mercantis se estendem, que a penetração do capital se afirma na esfera da produção, que se confirma a separação do trabalhador de seus meios de produção, o próprio sentido da noção de propriedade muda. Para o liberalismo juvenil, a propriedade significava o fundamento da autonomia individual e a passagem da submissão feudal à cidadania moderna. Para um capitalismo beirando a maturidade, ela significa o direito de apropriação privativa dos meios de produção e o desapossamento do trabalhador, não só de sua terra ou de seus instrumentos de trabalho, mas de sua própria pessoa, que a partir de então ele é obrigado a vender no mercado. É essa contradição, inscrita na própria polissemia da palavra propriedade, que Proudhon desnuda no ensaio de 1840, quando se propõe a refutar a dupla legitimação da propriedade privada pela ocupação e pelo trabalho, demonstrando que a primeira impede a propriedade e a segunda a destrói. Ele então define o direito de ocupação como "um modo natural de dividir a terra, justapondo os trabalhadores à medida que estes se apresentam". Mas se todo homem tem o direito natural de ocupação "apenas pelo fato de existir", como o número de ocupantes varia demograficamente, "não podendo ser fixa a posse, é impossível que ela se torne propriedade". O direito de ocupação, portanto, está fadado a "desaparecer diante do interesse geral que, sendo o interesse social, é também o do ocupante"[32].

Foi por isso que os juristas tiveram de abandonar a teoria do direito de ocupação "para dedicar-se àquela que faz a propriedade nascer do trabalho". De fato, essa legitimação da propriedade pelo trabalho é o centro do *Tratado sobre o governo civil*, de Locke. "O trabalho de seu corpo e a obra de suas mãos" constituem "o bem próprio" de cada um:

> Tudo que ele tirou de seu estado natural pelo próprio esforço e indústria pertence a ele [...]. Quando as coisas que ele come começam a pertencer

---

[32] Pierre-Joseph Proudhon, *Qu'est-ce que la propriété ?* (Paris, Garnier-Flammarion, 1966), p. 120 e 265 [ed. port.: *O que é a propriedade?*, trad. Marília Caeiro, 2. ed., Lisboa, Estampa, 1975].

Daniel Bensaïd

a ele? Quando ele as digere ou quando as come, ou quando as cozinha, ou quando as leva para casa, ou quando as colhe? É evidente que não há nada que possa torná-las suas, a não ser o cuidado e o esforço que tem para colhê-las e juntá-las. Seu trabalho distingue e separa esses frutos dos outros bens que são comuns; ele acrescenta algo mais que a natureza, mãe comum de todos, não lhes deu [...]. O trabalho que foi o meu de tirar essas coisas do estado comum em que se encontravam fixa-as e torna-as propriedade minha.[33]

Proudhon replica substancialmente que, se o trabalho fundamenta o direito de propriedade, ninguém deveria poder ser privado dele. Ora, fundamentar esse direito no trabalho não pode ser um princípio universalizável. A propriedade exclusiva de uns tem como corolário necessário a privatização de propriedade dos outros. Por que, pergunta Proudhon, "o benefício dessa pretensa lei restrita a poucos é negado à multidão dos trabalhadores"? Ele interpela o proprietário que brada a legitimidade de seu bem adquirido pelo trabalho: "Trabalhaste? Mas nunca terás feito trabalhar os outros? Então como foi que eles perderam trabalhando para ti o que soubeste adquirir não trabalhando para eles?"[34]. Questão assassina! À qual ele dá a célebre resposta: "A propriedade é o furto! Eis o clarim de [17]93! Eis a agitação das revoluções!".

Se os princípios de liberdade, igualdade e segurança proclamados pelas constituições revolucionárias são direitos absolutos, a propriedade, em compensação, é "um direito fora da sociedade" que se opõe aos outros. E se é definida como um direito natural, é "um direito antissocial": "Propriedade e sociedade são coisas que repugnam invencivelmente uma à outra. É tão impossível associar dois proprietários como unir dois ímãs por seus polos iguais". Portanto, é preciso "que a sociedade pereça ou mate a propriedade" como "faculdade

---

[33] John Locke, *Traité du gouvernement civil* (Paris, Garnier-Flammarion, 1984), p. 195-6 [ed. bras.: *Segundo tratado sobre o governo civil*, trad. Marsely de Marco Dantas, 23. ed., São Paulo, Edipro, 2014].

[34] Pierre-Joseph Proudhon, *Qu'est-ce que la propriété ?*, cit., p. 129.

Os despossuídos

de exclusão e invasão": "Em resumo, a propriedade, após espoliar o trabalhador pela usura, assassina-o lentamente pelo cansaço; ora, sem a espoliação e o assassinato, ela perece em pouco tempo por falta de apoio: logo, é impossível"[35].

A crítica da propriedade está na origem e no centro de todas as variantes de socialismo que surgiram no século XIX como resistência ao capitalismo triunfante. Portanto, não admira que Marx, levado a se interessar pelo assunto pela legislação renana sobre o furto de madeira, tenha aclamado, em *A sagrada família**, o ensaio de Proudhon como "um grande progresso científico", a seu ver de uma importância para a política moderna comparável ao famoso panfleto de Sieyès sobre o terceiro estado.

Posse e propriedade

De fato, a contradição inerente ao princípio da apropriação privada conduz Proudhon a estabelecer uma distinção fundamental entre posse e propriedade, e a contestar a passagem histórica de uma para a outra: "Para transformar a posse em propriedade, é preciso mais do que o trabalho, sem o que o homem deixaria de ser proprietário quando deixasse de trabalhar"[36]. Lógica implacável. A distinção entre posse e propriedade permite que se esclareça a confusão associada à dupla definição de propriedade, "como domínio e como posse". Para os juristas, a posse é um fato; a propriedade é um direito instituído. O argumento que fundamenta no trabalho o direito à propriedade privatiza a posse. Segundo a legislação primitiva, ao contrário, a transformação do possuidor em proprietário era "legalmente impossível". Os primeiros agricultores que se tornaram os primeiros legistas não previram "as consequências da transformação do direito de posse privada em propriedade". Bastava que lhes fosse garantida a posse da colheita. Tudo começou,

---

[35] Ibidem, p. 216.

* Trad. Marcelo Backes (1. ed. rev., São Paulo, Boitempo, 2011). (N. E.)

[36] Pierre-Joseph Proudhon, *Qu'est-ce que la propriété?*, cit., p. 148.

Daniel Bensaïd

portanto, com "a posse contínua" e sua perenização. Porque, "quando a lei declara que o lapso de tempo converte o possuidor em proprietário, ela pressupõe que um direito pode ser criado sem uma causa que o produza". Nesse caso, ela excede suas atribuições, já que a ordem pública e a segurança dos cidadãos exigem "apenas a garantia da posse"[37].

Além do mais, mesmo que seja reconhecida, a propriedade do produtor sobre um produto "não acarreta a propriedade do instrumento":

> Existe identidade entre o pedreiro possuidor do material que lhe é entregue, o pescador possuidor das águas, o caçador possuidor dos campos e dos bosques, o lavrador possuidor das terras; se preferirmos, todos são proprietários de seu produto; nenhum é proprietário de seus instrumentos. O direito ao produto é exclusivo; o direito ao instrumento é comum.[38]

Marx parece tomar frequentemente para si a distinção entre posse e propriedade. É a partir dela que Paul Sereni, em um livro notável pelo rigor, propõe elucidar o enigma da distinção entre propriedade privada e propriedade individual que aparece no Livro I de *O capital*. Nos anos 1840, destaca ele, "pode-se dizer que a compreensão e a extensão do predicado 'privado' formam o objeto da disputa sobre a propriedade"[39]. Em *A ideologia alemã**, Marx e Engels destacam que a propriedade privada foi sendo pouco a pouco identificada com a propriedade *tout court*. Desse modo, ela se transformou em "conceito abstrato", permitindo que se evitasse falar o que fosse da "propriedade privada real". Essa confusão ideológica, que hipostasia a categoria de propriedade, ainda hoje serve de argumento

---

[37] Ibidem, p. 141.

[38] Ibidem, p. 149. Deduz-se disso que "a posse sem propriedade" bastaria à "manutenção da ordem social".

[39] Paul Sereni, *Marx, la personne et la chose* (Paris, L'Harmattan, 2007), p. 43.

* Trad. Luciano Cavini Martorano, Nélio Schneider e Rubens Enderle (1. ed. rev., São Paulo, Boitempo, 2011). (N. E.)

Os despossuídos

apologético aos defensores do capital, para nos fazer acreditar que questionar a propriedade privada dos grandes meios de produção, troca e comunicação é uma ameaça à posse individual. Ora, a propriedade privada que se deseja abolir é a propriedade "privativa e exclusiva", tal como definida por Destutt de Tracy: a "que dá poder sobre o trabalho de outrem"[40].

Furto ou exploração

Em *A sagrada família*, Marx saúda com entusiasmo o ensaio de Proudhon. No entanto, o encontro que tiveram em Paris acabou em rompimento, consumado em 1847 com a resposta ferina de *Miséria da filosofia* à *Filosofia da miséria*. Não se trata aqui de um embate de humores entre dois homens de temperamentos pouco compatíveis, mas do resultado de um amadurecimento teórico em Marx que levou a uma crítica bem mais elaborada da propriedade, inserida na perspectiva comunista adotada pouco a pouco por ele[41].

Em *Filosofia da miséria*, Proudhon retoma os temas abordados em *O que é a propriedade?*. Ele esforça-se para integrá-los a uma visão expandida da economia política. Este é, segundo ele, "o maior problema que pode ser colocado pela razão". Porque a propriedade é "essencialmente contraditória". Ela associa o direito de ocupação e o direito à exclusão, o preço ou a recompensa do trabalho e sua negação por aqueles que são ainda denominados os *improprietários*, a pretensão à justiça e a legalização do furto. Além disso, com o desenvolvimento do crédito, com o prodígio do dinheiro que faz dinheiro e do especulador que enriquece enquanto dorme, o produtor torna-se jogador. Ao "fanatismo da concorrência" junta-se "o frenesi da

---

[40] Citado em Paul Sereni, *Marx, la personne et la chose*, cit., p. 60.

[41] Num artigo de 24 de janeiro de 1865 escrito para o *Sozialdemokrat*, Marx mantém o julgamento elogioso que fez de *O que é a propriedade?*. Essa obra de Proudhon é "incontestavelmente a melhor, é um marco pela novidade do conteúdo, ou ao menos pela maneira nova e arrojada de falar de coisas conhecidas". O estilo é o grande mérito desse ensaio: "Um sentimento de revolta profunda e verdadeira contra as infâmias da ordem das coisas estabelecidas, sua seriedade revolucionária: é isso que explica o efeito eletrizante, o efeito de choque produzido por *O que é a propriedade?*".

Daniel Bensaïd

roleta". Algumas passagens de Proudhon têm estranhos ecos no momento atual. Hoje, os produtores "se conhecem apenas como devedores e usurários, ganhadores e perdedores":

> O trabalho desapareceu a um sopro do crédito, o valor real sumiu-se diante do valor fictício, a produção diante do agiota [...]. Em resumo, o crédito, de tanto liberar o capital, acabou liberando o próprio homem da sociedade e da natureza. Nesse idealismo universal, o homem não está mais ligado ao solo; uma força invisível o suspende no ar.[42]

Levada a suas últimas consequências, a propriedade privada manifesta plenamente seu caráter "insocial" e revela que mesmo sua expressão mais simples nunca é mais do que "o direito da força".

A querela teórica vem do fato de que Marx, a partir dos *Manuscritos parisienses* de 1844, tentou resolver o mistério do mais-valor e da acumulação do capital. Sua problemática é alterada por causa disso. A controvérsia diz respeito sobretudo à ilusão de uma retribuição equitativa do trabalho, baseada em sua justa medida. Para Marx, o trabalho individual elementar é um trabalho social que pressupõe uma acumulação social prévia de saberes e habilidades. Enquanto Proudhon contrapõe as virtudes de um trabalho original às misérias do trabalho subjugado, o "valor real" ao "valor fictício", a produção à agiotagem, Marx descobre na unidade do trabalho concreto e do trabalho abstrato, do valor de troca e do valor de uso, o segredo desvendado da mercadoria e do mundo encantado do capital. Enquanto Proudhon contrapõe à "propriedade impessoal", agora "a pior das propriedades", o ideal do pequeno produtor independente, Marx não sente nenhuma saudade dessas pastorais e considera ilusória a ideia de retribuição do trabalho de cada um por seu justo valor, com horários adequados. Porque saber se "sua hora de trabalho vale a minha [...]. É uma questão que se debate pela concorrência!". Em outras palavras, o preço da força de trabalho não pode ser determinado *a*

---

[42] Pierre-Joseph Proudhon em Pierre-Joseph Proudhon e Karl Marx, *Philosophie de la misère/Misère de la philosophie* (Paris, UGE 10/18, 1964), p. 217.

priori pela medida de seu valor, mas *a posteriori* pela concorrência do mercado: "O que determina o valor não é o tempo que uma coisa levou para ser produzida, mas o mínimo de tempo que ela é suscetível de levar para ser produzida, e esse mínimo de tempo é constatado pela concorrência"[43].

A alternativa ao reino do capital imaginado por Proudhon aparece então como uma nova quimera, da mesma maneira que as utopias que ele diz combater. Sua "teoria da mutualidade", concebida como "um sistema de garantias" que "faça da concorrência um benefício e do monopólio um penhor de segurança para todos", e seu apelo filantrópico a "uma troca sincera" (atualmente diríamos "equitativa") são, na melhor das hipóteses, uma tolice e, na pior, uma tentativa de fazer a roda da história girar ao contrário. Assim, não nos surpreende que, na prática, essa teoria da mutualidade se traduza numa apologia da troca *in natura* e do crédito para o consumo, apresentados como "síntese da propriedade e da comunidade"[44].

A réplica de Marx é mordaz: "Troia já não existe. Essa justa proporção entre a oferta e a demanda [...] deixou de existir há muito". Antigamente, a demanda comandava e precedia a oferta, "a produção acompanhava o consumo, passo a passo". Hoje, "a produção precede o consumo, a oferta pressiona a demanda". Segundo a quimera proudhoniana da troca equitativa, os custos de produção deveriam determinar em todas as circunstâncias o valor do produto, "e valores iguais seriam sempre trocados por valores iguais". Nesse caso, o trabalho de cada indivíduo seria "a única medida de seus lucros e perdas". Uma hora de trabalho de Pedro seria simplesmente trocada por uma hora de trabalho de Paulo: "Eis o axioma fundamental do sr. Bray". As elucubrações do sr. Proudhon tem estreito parentesco com ele:

---

[43] Karl Marx, *Miséria da filosofia* (trad. José Paulo Netto, São Paulo, Boitempo, no prelo).

[44] Pierre-Joseph Proudhon, *Philosophie de la misère*, cit., p. 304 [ed. bras.: *Sistema das contradições econômicas ou filosofia da miséria*, trad. Antonio Geraldo da Silva e Ciro Mioranza, São Paulo, Escala, 2007].

Daniel Bensaïd

Portanto, se se supõem todos os membros da sociedade como *trabalhadores imediatos*, a troca das quantidades iguais de horas de trabalho só é possível se se convencionar previamente o número de horas que será necessário empregar na produção material. Mas uma tal convenção nega a troca individual.[45]

Justamente, "essas relações não são relações do indivíduo com o indivíduo", mas de operário para capitalista, de rendeiro para proprietário de terras etc.: "Suprimidas essas relações, estará suprimida a sociedade"[46].

Na sociedade capitalista, a questão da propriedade não é dissociável da apropriação privada do sobretrabalho do outro ou, em outras palavras, da questão da exploração. A sociedade não pode ser reduzida a um aglomerado de indivíduos ou "trabalhadores imediatos". Ela é uma relação entre classes sociais antagônicas. Antes mesmo das primeiras frases célebres do *Manifesto Comunista*, escrito no final de 1847, Marx recapitula em *Miséria da filosofia* esse conflito motriz da dinâmica histórica: "No mesmo momento em que começa a civilização, a produção começa a se fundar no antagonismo das ordens, dos estamentos, das classes, enfim, no antagonismo do trabalho acumulado e do trabalho imediato". A conclusão prática que ele tira disso é o oposto da de Proudhon. Para este último, "as coalizões operárias" são tão nocivas quanto as corporações do Antigo Regime, e o fato de os trabalhadores terem "perdido esse costume" deve ser considerado um progresso[47]. Para Marx, ao contrário, essa massa dos trabalhadores, "que já é uma classe em relação ao capital, mas não o é ainda para si mesma", une-se na luta e "se constitui em classe para si mesma": "Os interesses que defende tornam-se interesses de classe. Mas a luta entre classes é uma luta política".

---

[45] Karl Marx, *Miséria da filosofia*, cit.

[46] Idem. Em carta datada de 26 de outubro de 1847, Engels conta ter dito a Louis Blanc que ele podia considerar como o "nosso programa" esse de Marx contra Proudhon (*Miséria da filosofia*).

[47] Pierre-Joseph Proudhon, *Philosophie de la misère*, cit., p. 430.

Os despossuídos

Em um artigo de 1865, por ocasião da morte de Proudhon, Marx retoma com mais clareza a crítica inicial. Entretanto, sua problemática se robusteceu consideravelmente ao longo da preparação de *O capital*. Considera agora que o título do ensaio de 1840 sobre a propriedade "já indicava a sua insuficiência":

> A questão foi muito mal apresentada para que se pudesse dar uma resposta correta. [...] A própria história submetera à sua crítica as relações de propriedade passadas. Para Proudhon, o que se deveria tratar era da propriedade burguesa atual. A questão acerca do que era essa propriedade somente poderia ser respondida por uma análise crítica da economia política que abrangesse o conjunto dessas relações de propriedade, não em sua expressão jurídica de relações de vontades individuais, mas sob sua forma real, isto é, de relações de produção.

Quanto à *Filosofia da miséria*, Marx condena Proudhon por ter compartilhado das "ilusões da filosofia especulativa":

> Em vez de considerar as categorias econômicas como expressões teóricas de relações de produção históricas, correspondendo a um grau determinado do desenvolvimento da produção material, sua imaginação as transforma em ideias eternas preexistentes a toda realidade.[48]

Essa crítica radical leva a uma rejeição da definição de propriedade como furto, que se detém em uma concepção jurídica ou moralizante:

> Na melhor das hipóteses, as noções jurídicas burguesas sobre o "furto" aplicam-se igualmente aos lucros "honestos". Por outro lado, como o furto, enquanto violação da propriedade, *pressupõe propriedade*, Proudhon enredou-se em todos os tipos de divagações confusas sobre a verdadeira propriedade burguesa.

---

[48] Karl Marx e Friedrich Engels, *Correspondance* (Paris, Éditions Sociales, 1979), t. VII, p. 12-3.

Daniel Bensaïd

Em vez de considerar, como a maioria dos socialistas franceses da época, que a propriedade é uma categoria jurídica ilegítima, Marx a analisa, desde *A ideologia alemã*, como "uma forma de intercâmbio que correspondia a um determinado estágio de desenvolvimento das forças produtivas "*. Desse modo, ele acaba secularizando e relativizando uma noção de justiça cuja definição varia historicamente. Como consequência, não há muito sentido em declarar a exploração injusta, ou em denunciar a propriedade como um furto, sem mais precisões. São, na realidade, duas concepções do direito que se confrontam, direito contra direito, o dos possuidores contra o dos possuídos. Entre um e outro, quem decide é a força[49].

III. Do direito consuetudinário dos pobres aos bens comuns da humanidade

Neste momento de globalização mercantil e privatização generalizada do mundo, os artigos de Marx sobre o furto de madeira são de uma atualidade perturbadora. A compra da força de trabalho de outrem estabelece uma relação de apropriação/expropriação não apenas dessa força de trabalho, mas também dos serviços públicos, da poupança popular, do consumo, dos corpos exibidos em espetáculo, do espaço entregue à especulação fundiária e imobiliária. A privatização atinge não só as empresas públicas, como também a educação, a informação, o direito (pela generalização do contrato privado, em detrimento da lei comum), a moeda, os saberes, a violência, em resumo, o espaço público em seu conjunto.

Em *Dezoito lições sobre a sociedade industrial*, Raymond Aron teve prazer em citar um trecho de *O capital* em que Marx afirma que

---

* Karl Marx e Friedrich Engels, *A ideologia alemã*, cit., p. 68. (N. E.)

49 Paul Sereni pergunta como Marx pode falar de roubo e pilhagem sem fazer referência a uma teoria normativa da justiça. Se o direito é intrinsecamente burguês, como afirma a *Crítica do Programa de Gotha*, existiria uma norma metajurídica ou apenas a perspectiva de enfraquecimento do direito?

Os despossuídos

"as sociedades por ações e a dispersão do capital das grandes empresas já constituem uma destruição da propriedade" e concluir disso que "se a dispersão [...] equivale à eliminação da propriedade privada, uma grande corporação norte-americana não é mais uma propriedade privada"*. Apesar dos contos e lendas a respeito do "capitalismo popular" e, para além deles, da aparente disseminação da propriedade em benefício do "acionariato assalariado" e dos "pequenos portadores", a concentração da propriedade chegou a níveis sem precedentes. No fim de 2003, a capitalização mundial das bolsas chegou a 31 trilhões de dólares, ou seja, quase 90% do produto interno bruto do mundo. Os acionistas possuem mais de três quartos do patrimônio comercial da humanidade. Embora pareça disseminada nas margens, essa riqueza está concentrada num pequeno número de países desenvolvidos, de maneira que 5% da população mundial (metade da qual nos Estados Unidos) detém quase a totalidade dos bens em bolsa do mundo e 77 mil famílias "ultrarricas" detêm sozinhas cerca de 15% da riqueza mundial:

> Há vários anos, a população de pessoas realmente ricas progride muito mais rápido do que a população do globo, e a taxa de crescimento do patrimônio dessas pessoas é superior ao da economia mundial; além disso, o crescimento da população de ultrarricos é mais rápido ainda, portanto as desigualdades de patrimônio têm tendência a aumentar.[50]

---

* Raymond Aron, *Dix-huit leçons sur la société industrielle* (Paris, Gallimard, 1962), p. 276 [ed. bras.: *Dezoito lições sobre a sociedade industrial,* trad. Sérgio Bath, São Paulo/Brasília, Martins Fontes/Editora da Universidade de Brasília, 1981. (N. E.)]

[50] Jean Peyrelevade, *Le capitalisme total* (Paris, Seuil, 2005, coleção La République des Idées), p. 42. A classificação anual das grandes fortunas realizada pela revista *Forbes* recenseou 415 bilionários em dólares em 2006. Menos de mil pessoas possuem 3,5 trilhões de dólares, ou seja, o dobro do produto interno bruto da França. Entre 1966 e 2001, a renda dos 10% mais ricos aumentou 58%, a renda do 1% mais rico, 121%, a do 0,1% mais rico, 236%, e a do 0,01% mais rico, 617%; 2% da população mundial possui a metade dos bens financeiros, enquanto 50% dos mais pobres dividem entre si 1% desses bens. Em um ano, o patrimônio dos 400 norte-americanos mais ricos cresceu 120 bilhões de dólares. O magnata dos cassinos Sheldon Adelson embolsou sozinho 1 milhão de dólares por hora desde 2004. Um norte-americano médio, ganhando um salário médio, teria de trabalhar 29 mil anos para entrar na lista da *Forbes*. No fim dos anos 1990, um relatório da Conferência das Nações Unidas sobre Comércio

Daniel Bensaïd

Para abafar o escândalo dessa monstruosa apropriação privada das riquezas naturais e sociais, o discurso dominante promete que todos serão proprietários (de suas moradias) ou acionistas (de suas empresas). É duvidoso que os beneficiários do acionariato assalariado se sintam proprietários. Em contrapartida, é provável que a dupla representação desses beneficiários nos conselhos administrativos, como assalariados e como acionistas, dê origem a certa esquizofrenia no dia em que o acionista que existe dentro deles tiver de demitir a parte assalariada para garantir um retorno superior a 15%, à custa de seu próprio emprego e salário. A não ser que se invente uma versão financeira do milagre da multiplicação dos pães, a única forma de realizar tal objetivo com um crescimento inferior a 3% é reduzir "os custos do trabalho". Ao menos sobre esse ponto, Proudhon viu longe quando anunciou a crueldade previsível da "propriedade impessoal": "O que parece abrandar, humanizar a propriedade é precisamente o que mostra a propriedade em sua hediondez: a propriedade dividida, a propriedade impessoal é a pior das propriedades".

Privatização dos saberes

A privatização não visa mais apenas os recursos naturais ou os produtos do trabalho. Ela cobiça cada vez mais os conhecimentos e os saberes. É isso que está em jogo nas negociações e nos debates realizados na Organização Mundial do Comércio sobre os serviços, a propriedade intelectual e a patenteabilidade[51]. A distinção tradicional entre invenção e descoberta se embaralha, e a própria definição do que é patenteável ou não se torna problemática. Desde o início dos

---

e Desenvolvimento (Cnuced) constatou que cerca de 100 empresas "estão redesenhando o mundo". Elas têm sozinhas 1,8 trilhões de dólares no exterior, empregam 6 milhões de assalariados no mundo e tiveram uma receita anual de 2,1 trilhões. A título de comparação, os especialistas da Organização das Nações Unidas (ONU) estimam que serão necessários 25 bilhões de dólares em dez anos para fornecer água potável ao 1,5 bilhão de pessoas que não têm acesso a ela, e cerca de 10 bilhões para lutar contra a Aids na África.

51 O Acordo Geral sobre o Comércio e os Serviços engloba 13 setores subdivididos em 163 subsetores relativos a finanças, lazer, esportes, educação, meio ambiente, distribuição, comunicação e... "outros".

anos 1980, impôs-se a necessidade de legislar práticas científicas (como a manipulação de organismos vivos) em contradição com as definições em vigor no âmbito dos direitos de propriedade.

Nessa "nova economia", a primeira unidade criada pelos laboratórios de pesquisa e desenvolvimento custa, muitas vezes, bem mais em capital investido do que a reprodução em série do produto. A apropriação dos saberes e a proteção do monopólio desses saberes torna-se, portanto, o principal desafio das legislações sobre o novo estatuto da propriedade intelectual. No entanto, a *open science* é mais favorável e "mais bem adaptada à criação de novas ideias do que a economia de mercado"[52]. A privatização da pesquisa e dos conhecimentos resultantes, o sequestro desses conhecimentos em prejuízo dos concorrentes, a cultura do sigilo e da busca do monopólio freiam a difusão dos saberes socializados que poderiam beneficiar a maioria da população:

> Essa contradição ressurge sob uma lei que no século XXI se torna o equivalente do conflito entre setor público e privado no século anterior: a rivalidade entre o "gratuito" e o "pago". A tentação de baixar gratuitamente músicas e filmes, fazer circular produtos falsificados ou fabricar produtos genéricos é um dado permanente da nova economia, por isso mesmo é que custa pouco duplicar a primeira unidade de um bem, depois que foi descoberto.[53]

Em 1992, a empresa Agracetus conseguiu uma patente não apenas de um algodão geneticamente modificado, mas também de qualquer modificação do gene do algodão em geral, ou seja, da "própria ideia de que se possa modificar o gene do algodão". Desse modo, ao longo dos anos 1990, assistimos ao desenvolvimento de uma lógica de cercamento global. Essa evolução teve repercussões importantes nas condições das pesquisas. A multiplicação espetacular de patentes dos

---

[52] Daniel Cohen, *Trois leçons sur la société post-industrielle* (Paris, Seuil, 2006, coleção La République des Idées), p. 69.

[53] Idem.

Daniel Bensaïd

mais diversos tipos faz com que se aventurar num campo de pesquisa seja se arriscar num campo minado de patentes solicitadas para esquadrinhar e cercar não só as descobertas, mas também os campos de pesquisa e as descobertas que possam ser realizadas: *"Private Property! No entrance!"*. As grandes firmas têm a seu serviço escritórios de pleiteadores e chicaneiros capazes de dissuadir os franco--atiradores do campo da pesquisa a se arriscar no lamaçal dos processos. Segundo Dominique Pestre:

> A evolução foi tão radical que hoje há um movimento de recoletivização das patentes em cartéis que compartilham patentes para não ter de negociar constantemente e retardar processos inovadores. As grandes companhias se autorizam reciprocamente a utilizar o saber umas das outras. Por outro lado, para quem está fora dos cartéis, isso causa problemas complexos, como nas universidades, por exemplo.[54]

Essa recoletivização é, evidentemente, um monopólio coletivo sobre a renda gerada pela massa cinzenta, à semelhança dos cartéis que partilham entre si a renda do petróleo.

As universidades, por intervenção dos financiamentos privados, serão cada vez mais restringidas ao papel de subcontratadas a serviço desses novos cartéis do saber. No Canadá e nos Estados Unidos já existem casos em que o contrato de parceria inclui cláusulas de confidencialidade: a empresa que paga a pesquisa universitária assegura a exclusividade dos conhecimentos produzidos, em prejuízo da livre circulação dentro da comunidade científica. Essas cláusulas de confidencialidade não são novas, mas eram em geral limitadas no tempo, enquanto se pedia e aguardava a eventual concessão de uma patente. Hoje, elas tendem a se tornar permanentes[55]. É com-

---

[54] Dominique Pestre, "À propos du nouveau régime de production, d'appropriation et de régulation des sciences", *Contretemps,* n. 14, set. 2005, p. 62.

[55] Ver Alan Sokal, "Sciences et marché des savoirs", *Contretemps,* n. 14, set. 2005, p. 76-83. Quando Valérie Pécresse, ministra sarkozista responsável pelas universidades, resume o espírito de sua reforma com "a ideia de dar às universidades francesas um modo de funcionamento mais bem adaptado ao mundo em que vivemos", também

Os despossuídos

preensível que liberais sinceros ou ingênuos também acabem se inquietando, afinal isso não tem mais nada a ver com a "concorrência livre e não falseada"!

Tratando do debate nos Estados Unidos sobre liberdade, inovação e domínio público, Grégoire Chamayou se admira com toda a razão que as resistências críticas à propriedade intelectual não estejam mais articuladas às críticas sobre a propriedade tradicional. Há, é claro, uma especificidade dos saberes e de sua produção social, mas seguramente não há uma "exceção intelectual". Antigamente, a França vangloriava-se de ter feito valer "a exceção cultural" nas negociações comerciais internacionais, argumentando que a cultura (cinema, literatura, música...) não é uma mercadoria como outra qualquer. Que seja. Mas saúde, educação e moradia são mercadorias como outra qualquer? Numa época que transforma tudo em mercadoria, as definições e os limites são imprecisos. Por isso as batalhas em torno da propriedade intelectual podem revelar as contradições inerentes à própria noção de propriedade privada. Como observa Grégoire Chamayou, "num contexto conceitual [liberal] em que a propriedade está ligada à liberdade, a propriedade intelectual constitui um caso paradoxal em que a propriedade contraria a liberdade"[56]. Em matéria de propriedade, esse paradoxo não é a regra? Ao menos é isso que Proudhon já tentava demonstrar.

Antigamente, os saberes surgidos das práticas sociais podiam ser confiscados e monopolizados por um clero ou uma casta. A apropriação do trabalho vivo e das habilidades adquire uma realidade imediata dentro da maquinaria industrial. Com a grande indústria, o con-

---

é disso que se trata. E como esse mundo da mercadorização forçada tem uma lógica própria, é preciso em especial "que as universidades possam gerir livremente seu patrimônio imobiliário, recrutar livremente os docentes que quiserem, administrar os créditos como bem entenderem" (*Journal du Dimanche*, 27 maio 2007). Não é nada mais nem nada menos do que o anúncio da abertura do mercado de ensino à concorrência.

[56] Grégoire Chamayou, "Le débat américain sur liberté, innovation, domaine public", *Contretemps*, n. 5, set. 2002, p. 39. Esse artigo apresenta uma excelente síntese crítica da controvérsia sobre a propriedade intelectual e seus pressupostos filosóficos.

Daniel Bensaïd

junto das ciências se encontra, nas palavras de Marx, "cativo a serviço do capital":

> O desenvolvimento histórico, o desenvolvimento político, a arte, a ciência etc. movem-se acima deles [dos escravos] nas altas esferas. Mas só o capital capturou o progresso histórico [as ciências e as técnicas]* e o colocou a serviço da riqueza. [...] A invenção torna-se então um negócio, e a aplicação da ciência à própria produção imediata, um critério que a determina e solicita.

Contudo, à medida que a grande indústria se desenvolve,

> A criação da riqueza efetiva passa a depender menos do tempo de trabalho e do *quantum* de trabalho empregado que do poder dos agentes postos em movimento durante o tempo de trabalho, poder que – sua poderosa efetividade –, por sua vez, não tem nenhuma relação com o tempo de trabalho imediato que custa sua produção, mas que depende, ao contrário, do nível geral da ciência e do progresso da tecnologia, ou da aplicação dessa ciência à produção.[57]

Nesse caso, o *"roubo de tempo de trabalho alheio, sobre o qual a riqueza atual se baseia*, aparece como fundamento miserável em comparação com esse novo fundamento desenvolvido, criado por meio da própria grande indústria"[58]. Essa base miserável é a razão dos desregramentos do mundo. A lei do valor não consegue mais medir a desmesura do mundo senão por desatinos e violências globais cada vez maiores[59].

---

* Colchetes de Daniel Bensaïd. (N. E.)

[57] Karl Marx, *Grundrisse: manuscritos econômicos de 1857-1858 – Esboços da crítica da economia política* (trad. Mario Duayer e Nélio Schneider, São Paulo, Boitempo, 2011), p. 490.

[58] Ibidem, p. 587-8.

[59] Proudhon perguntava: "Tomando a propriedade como pretexto, insulares poderiam rechaçar com ganchos, sem cometer crime, os pobres náufragos que tentam alcançar a costa?" (*Qu'est-ce que la propriété?*, cit., p. 99). E, no entanto, hoje esse é o quinhão

Os despossuídos

Privatização do vivente

Em julho de 1998, a União Europeia autorizou a concessão de patentes sobre "material biológico":

> Qualquer elemento isolado do corpo humano ou produzido por proce-
> dimento técnico, inclusive a sequência ou a sequência parcial de um
> gene, pode constituir uma invenção patenteável, mesmo que a estrutura
> desse elemento seja idêntica à de um elemento natural.[60]

Mas os pesquisadores "não inventam" genes. Seguindo a distinção
clássica, eles apenas os descobrem. Entre as duas noções, assim como
entre o natural e o artefato, há uma fronteira porosa. Segundo um
diretor de propriedade industrial da Aventis, hoje uma invenção consiste em "atribuir uma função técnica à sequência descoberta". Tama-
nha ampliação da noção pode levar longe. Imaginamos sem nenhuma dificuldade que vantagens as empresas farmacêuticas ou outras
podem tirar disso, e que interesses estão em jogo na batalha pelas
patentes[61]. Tivemos uma demonstração com o caso da patente de
testes de detecção de câncer de mama concedida à Myriad Genetics.
Instituições europeias desenvolveram testes mais baratos e mais con-
fiáveis. A Myriad se opôs à comercialização, alegando ter a propriedade sobre os genes de predisposição e seus usos. O Instituto Europeu de Patentes, surpreendido por uma enxurrada de queixas, acabou
retirando os privilégios que havia concedido à empresa.

Uma declaração da ONU de 1998 compara o genoma humano a
"um patrimônio comum da humanidade". Em 2000, o G8 proibiu
patentes de sequências genéticas. A negociação conflituosa que houve em seguida entre a lógica da rentabilidade industrial (em especial

---

cotidiano de misérias do mundo em Ceuta e Melilha, na costa italiana ou na fronteira
do Rio Grande.

[60] Artigo 5 da Diretiva Europeia 98/44/CE, em *Jornal Oficial das Comunidades Europeias*,
L 213/18.

[61] Ilustrando o surgimento de um *g-business* ("g" de gene), nada menos do que 28 empresas de biotecnologia entraram para a bolsa apenas no verão de 2000, das quais 9
na Europa.

Daniel Bensaïd

a farmacêutica) e a saúde pública pôs na ordem do dia uma redefinição da divisão entre privado e público. Apesar do acordo dos especialistas para que seja possível patentear a interpretação das sequências genéticas, ainda há certo mal-estar em torno do patenteamento das sequências propriamente ditas. Hoje, como são acessíveis na internet, inúmeros biólogos podem trabalhar nelas. O direito de patente abriria caminho para uma perseguição judicial planetária contra pesquisadores suscetíveis de violar, com toda a boa-fé, o direito de propriedade protegido por patente. Nesse caso também, a contradição entre o uso privado do saber e seu caráter social, ligado ao nível cultural e técnico, é explosiva.

Bem comum e gratuidade

As controvérsias sobre as múltiplas formas de patente (entre as quais a do sequenciamento do genoma) giram em torno da distinção entre descoberta e invenção, e da interpretação jurídica que é dada a ela. Podemos privatizar uma ideia, apesar de um *software* não ser nada mais do que um elemento da lógica aplicada ou, em outros termos, uma parcela de "trabalho morto", isto é, trabalho intelectual acumulado? Seguindo a lógica da apropriação privativa, chegaríamos ao ponto de patentear fórmulas matemáticas para submetê-las ao direito de propriedade? A socialização do trabalho intelectual começa com a prática da linguagem que, evidentemente, constitui um bem social comum inapropriável da humanidade. Os conflitos em torno do direito de propriedade intelectual tendem a desmontar o direito liberal clássico e sua legitimação da propriedade pelo trabalho.

Esses quebra-cabeças filosófico-jurídicos são fruto de contradições entre, de um lado, a socialização crescente do trabalho intelectual e a apropriação privada das ideias e, de outro, entre o trabalho abstrato, que sustenta a medida mercantil, e o trabalho concreto dificilmente quantificável. Dessas contradições resulta uma desregulação generalizada da lei do valor como medida cada vez mais *miserável* da troca e da riqueza social. A propriedade intelectual, reconhece o economista liberal moderado Daniel Cohen, "rompe com o esquema da

Os despossuídos

propriedade pura". Uma música e uma fórmula química não são compradas e consumidas no sentido usual do termo. Elas sobrevivem ao uso privativo que se faz delas. Comprar uma casa ou sapatos é reivindicar um monopólio legal sobre seu uso. A propriedade pura "torna possível a apropriação de um objeto", mas "o direito de propriedade intelectual a restringe"[62].

***

"O livre acesso ao saber é um bem público mundial."[63] No entanto, as patentes de *softwares* explodiram na década de 1990 nos Estados Unidos, ultrapassando as 100 mil. No meio dessa efervescência, tornou-se difícil, se não impossível, lançar um *software* que não fosse passível de pirataria. Também se tornou mais difícil distinguir "patente de *software*" de "patente de método intelectual", separar técnica e invenção. Desse modo, a patente veio fortalecer o sigilo industrial e frear a inovação[64]. James Boyle estabelece uma analogia entre os "cercamentos" da época da acumulação primitiva e esses "novos cercamentos" dos bens intelectuais[65]. O açambarcamento das terras foi

---

[62] Daniel Cohen, "La propriété intellectuelle, c'est le vol", *Le Monde*, 7 abr. 2001.

[63] Joseph Stiglitz, *Libération*, 13 set. 2006.

[64] Na véspera do Natal de 2005, um parlamento francês quase deserto aprovou numa votação de surpresa, por dois votos de maioria, uma emenda que legalizava todos os tipos de *download*. Parecia que um passo havia sido dado na direção da "licença global". Em contrapartida, a lei de março de 2006 relativa ao direito autoral e aos direitos afins nas empresas de informação pune o *download* ilegal e proíbe cópias para uso privado. No entanto, foi a inexistência de patentes que permitiu o impulso inicial da internet e a efervescência criativa que se seguiu. A propriedade intelectual foi derrubada pelas novas tecnologias, que, por sua vez, são fruto de um trabalho altamente socializado. Se um *software* é "informação que trata de informação", então ele é produto de uma criação coletiva interativa.

[65] "Quando se estabelece um novo direito de propriedade sobre um bem informacional, a única forma de assegurar eficazmente sua alocação é conceder ao detentor desse direito um controle maior sobre o consumidor ou usuário, graças a um sistema de preços discriminatórios". James Boyle, "The Second Enclosure Movement and the Construction of the Public Domain", *Law and contemporary problems*, v. 66, jan. 2003, p. 50. Sobre essas questões, ver a revista *Contretemps*: "Propriétés et Pouvoirs", n. 5, set. 2002.

Daniel Bensaïd

defendido na época em nome da produtividade agrícola, cujo crescimento supostamente erradicaria a fome e a penúria – ainda que à
custa de uma terrível miséria urbana. Hoje, estaríamos presenciando
uma "nova onda de cercamentos", que se justificam pela corrida à
inovação ou pela urgência da alimentação mundial. Entre os dois fe-
nômenos, as diferenças não são poucas. Enquanto o uso da terra é
mutuamente exclusivo (do que um se apropria o outro não pode
usar), o dos conhecimentos e saberes não tem "rival": o bem não se
extingue no uso de uma sequência genética, de um *software* ou de
uma imagem digitalizada. É por isso, aliás, que, do monge copista ao
correio eletrônico, passando pela impressão tradicional e pela fotocópia, o custo de reprodução só baixou. E é por isso também que,
hoje, a justificação da apropriação privada é o estímulo à pesquisa, e
não o uso do produto.

Um algoritmo é uma invenção ou uma descoberta? Alan Sokal
lembra que a maioria dos matemáticos considera que o grande livro
da natureza foi escrito em linguagem matemática, por isso toda estru-
tura matemática é uma descoberta e não uma invenção. Contudo,
mesmo que o algoritmo fosse considerado uma invenção, sua patente seria discutível:

> Consideremos o inventor de um algoritmo de criptografia utilizado em
> todas as transações eletrônicas cada vez que alguém usa um cartão de
> crédito. Evidentemente essa é uma invenção útil, pela qual o inventor
> merece ser remunerado. Mas ele merece remuneração ilimitada? Esse
> problema já se apresentava nas invenções tradicionais, mas se tornou
> mais premente no caso dos algoritmos, porque podem ser copiados a
> custo quase zero.

Inicialmente, o princípio da patente (e, sob outra forma, o do direito autoral) era recompensar o inventor com a atribuição de um monopólio limitado no tempo, facilitando ao mesmo tempo a circulação
do saber protegido pela patente. Ora, hoje a tendência é de acúmulo
de patentes preventivas, de prolongamento da validade dessas paten-

Os despossuídos

tes e de retenção dos saberes, e não de circulação: as empresas podem pedir patentes de inovações que ficam sem uso apenas para evitar que sejam utilizadas por empresas concorrentes[66].

Se a informática é uma linguagem e suas inovações são patenteáveis, os neologismos da linguagem comum também podem ser patenteados? E os conceitos? E os teoremas? A que novas neuroses poderia levar essa compulsão pela propriedade intelectual! Uma concepção ultrapassada da apropriação torna-se cada vez mais irracional e incompatível com o compartilhamento dos saberes, a ponto de ser um entrave para o desenvolvimento humano. Em julho de 2000, quando era ministra da Cultura e da Informação, Catherine Tasca declarou: "Nenhuma obra do espírito, ideia, fórmula matemática, códigos informáticos, expressão formal nova poderia ser objeto de patente sem precauções, para evitar o risco de esgotamento da criação"*. Olivier Ezratty, diretor de marketing da Microsoft França, pronunciou-se no mesmo ano a favor de uma conciliação mundial da legislação: "Comparamos os processos que dependem do modelo de pesquisa com a necessidade de compartilhar o conhecimento, mas hoje a criação de um *software* é um processo industrial" que exige proteção. E conclui: "Não podemos estimular as empresas a criar valor, se elas não podem protegê-lo"[67]. Não saberíamos expressar melhor o conflito de interesse entre desenvolvimento social e interesse privado.

O princípio do *software* livre mostra, à sua maneira, o caráter fortemente cooperativo do trabalho intelectual que se cristaliza nele. Nesse caso, o monopólio privado do proprietário é contestado não mais, como fazem os liberais, em nome da virtude inovadora da con-

---

[66] Entre 1993 e 2005, a IBM solicitou mais patentes do que qualquer outra empresa nos Estados Unidos (26 mil nos Estados Unidos e mais de 40 mil no mundo).

* Discurso proferido na *Conferência internacional sobre a gestão e utilização legítima da propriedade intelectual*, Strasbourg, 10 jul. 2000. Disponível em: <http://discours.vie-publique.fr/notices/003001814.html>. (N. E.)

[67] Em Eric Nunes, "Une arme à double tranchant pour les entreprises", *Le Monde*, 15 nov. 2000.

Daniel Bensaïd

corrência, mas como entrave à livre cooperação. É interessante notar que, pela ambivalência do termo inglês *free* aplicado a *software*, liberdade rima com gratuidade[68].

Bens inapropriáveis

A extensão da mercadorização do mundo ao saber e ao vivente apresenta com uma nova acuidade a questão do bem público e do bem comum da humanidade. A Assembleia Mundial dos Representantes Eleitos e dos Cidadãos para a Água estabeleceu como missão introduzir o acesso à água na Declaração Universal dos Direitos Humanos. Como "bem comum universal", a água se tornaria "inapropriável". Em 2006, o Parlamento Europeu adotou por unanimidade uma resolução que reconhece a água como um direito humano. O que vale para a água pode valer para muitas outras coisas, naturais ou produzidas pelo trabalho cooperativo acumulado por gerações e gerações.

Para Jean-Baptiste Say, as terras cultiváveis, "dadas gratuitamente ao homem", e não criadas por ele, deveriam ser consideradas riquezas naturais. Mas a terra, sendo fixa e limitada, e não "fugidia" como a água, tornou-se "uma riqueza social cujo uso teve de ser pago". Uso? Uso dos produtos da terra ou uso da própria terra? Foi Proudhon quem levantou a questão: "Como os bens da natureza podem se tornar privados?". Seguramente é mais fácil exercer um direito de domínio sobre o solo do que sobre o ar, responde ele. Mas "não se trata do que é mais fácil ou menos fácil". O erro de Say foi "tomar a possibilidade pelo direito". De fato, a questão não era saber por que o homem se apropriou da terra, e não do mar, mas "com que direito ele se apropriou de uma riqueza que ele não criou, e que a natureza lhe deu de graça". A argumentação de Locke, legitimando a propriedade

---

[68] Uma das objeções contra essas formas de apropriação social da cultura e dos conhecimentos é a da remuneração dos pesquisadores ou autores. Apresentada nos termos da ideologia concorrencial e da busca do lucro, a questão confunde o direito legítimo a uma renda garantida com um direito à propriedade privada e à renda. O direito à renda coloca o problema geral de sua maior socialização em relação à socialização do próprio trabalho, em outras palavras, de um prolongamento do salário à obra nos sistemas de proteção social hoje ameaçados.

pelo trabalho, vira-se contra os defensores da apropriação privada do bem natural comum: "Quem fez a terra? Deus? Nesse caso, proprietário, retira-te!"[69].

Para Proudhon, "a água, o ar e a luz são coisas comuns, não porque são inesgotáveis, mas porque são indispensáveis". Paralelamente, a terra, sendo indispensável à nossa preservação, é inapropriável: "Em duas palavras, a igualdade de direitos é demonstrada pela igualdade de necessidades". Assim, a "soberania social" se opõe à "propriedade individual" como uma "profecia da igualdade" e um "oráculo republicano".

A crise ambiental contribui para trazer à ordem do dia a ideia de bens comuns inapropriáveis da humanidade. A água é o exemplo mais evidente, mas o ar também pode se tornar objeto de litígio com a instauração do mercado do direito de poluir. E a terra nunca deixou de sê-lo para os movimentos agrários que lutam contra o açambarcamento do solo pela grande propriedade. Ainda hoje ela é objeto de luta dos sem-terra (no Brasil e em outros países), mas também de novas lutas urbanas: como enfrentar a crise urbana e a explosão mundial de favelas, ou *bidonvilles*, ou *shanty towns*, sem "incursões enérgicas" no santuário da propriedade privada fundiária e imobiliária[70]?

O "bem comum" não diz mais respeito apenas ao que a natureza supostamente nos "deu de graça", como reza o argumento clássico dos defensores do direito natural. Hoje, diz respeito igualmente à produção cooperativa humana. Proudhon já afirmava: "O talento é muito mais uma criação da sociedade do que um dom da natureza, é um capital acumulado, e quem o recebe não é mais do que seu depositário". Para ele, "do mesmo modo que a criação de qualquer instrumento de produção é resultado de uma força coletiva, o talento e a ciência em um homem são produto da inteligência universal e de uma ciência geral acumulada por uma multidão de mestres". É o caso precisamente do "capital" cognitivo e cultural:

---

[69] Pierre-Joseph Proudhon, *Qu'est-ce que la propriété?*, cit., p. 130.

[70] Ver Mike Davis, *Le pire des mondes possibles* (Paris, La Découverte, 2006).

Daniel Bensaïd

> Assim como o viajante não se apropria da estrada por onde passa, o lavrador não se apropria do campo que semeia; sendo uma obra coletiva, todo capital, seja material ou intelectual, forma uma propriedade coletiva [...]. Se todo capital acumulado é uma propriedade social, ninguém pode ter sua propriedade exclusiva.[71]

David Harvey define a globalização capitalista como a nova fase "de acumulação por despossessão". Ele a vê como uma continuação das práticas de acumulação "primitiva" ou "originária" em vigor no início do capitalismo:

> A supressão de direitos comuns conquistados após anos de lutas obstinadas (como proteção social, saúde pública, aposentadoria) e o retorno desses bens comuns ao domínio privado constituiu uma forma política de despossessão das mais agressivas já conduzidas em nome da ortodoxia neoliberal.[72]

Essa "acumulação por despossessão" é uma condição de sobrevivência do capitalismo. Para além da apropriação de matérias-primas, recursos energéticos, mão de obra barata, ela está se estendendo à apropriação comercial da história cultural, em especial pelo turismo, ou à pilhagem pura e simples dos patrimônios culturais. Emprega meios variados, desde a coerção externa até a canibalização pela lógica comercial de formas de atividade e produção que ainda estão fora de seu alcance (trabalho doméstico, serviços pessoais, produção alimentícia). Essa ofensiva da acumulação neoliberal passa evidentemente pela destruição dos direitos sociais existentes e pela criminalização das resistências populares (em particular sob o pretexto de legislações "antiterroristas"). Assim, vemos instaurar-se toda uma panóplia de disposições que formam uma espécie de nova "lei dos pobres" cujo intuito é reforçar o controle social sobre eles e impor pela precarização uma nova disciplina do trabalho flexível.

---

[71] Pierre-Joseph Proudhon, *Qu'est-ce que la propriété?*, cit., p. 157, 176, 228.

[72] David Harvey, *Spaces of Global Capitalism* (Londres, Verso, 2006), p. 45.

Os despossuídos

Em contrapartida, vemos surgir novas formas de resistência dos despossuídos – os "sem" (sem-documento, sem-domicílio, sem-teto, sem-emprego, sem-direito) – pela defesa dos serviços públicos, pela soberania energética e alimentar dos países sujeitados à pilhagem imperialista, pelos bens comuns (água, terra, ar, vivente) cobiçados por empresas canibalescas ou companhias farmacêuticas à espreita de novas moléculas patenteáveis. Ou, simplesmente, em favor do direito de ter direitos! As reivindicações de reconhecimento das línguas e culturas indígenas contra uma globalização uniformizante participam dessas resistências à despossessão. Ainda que essas lutas sejam iniciadas com frequência em nome da defesa de "usos e costumes", ou tradições, é importante lembrar da preocupação de Marx em seus artigos sobre o furto de madeira. Por trás da aparência consensual dos costumes, subsiste um antagonismo latente entre os direitos consuetudinários dos dominantes e os dos dominados. Talvez seja essa também a compreensão de Walter Benjamin quando opõe a tradição dos oprimidos ao conformismo que sempre a ameaça.

Propriedade individual e propriedade privada

Os artigos de 1842 e 1843 sobre o furto de madeira e a situação dos viticultores da Mosela serviram a Marx como ponto de partida para uma crítica radical à propriedade privada dos meios de produção e troca. Cinco anos depois, no *Manifesto do Partido Comunista*, ele fez dessa questão a pedra de toque do movimento comunista: "Os comunistas podem resumir sua teoria numa única expressão: supressão da propriedade privada". Por isso, todos esses movimentos "colocam em destaque, como questão fundamental, a questão da propriedade, qualquer que seja a forma, mais ou menos desenvolvida, de que esta se revista"*. Dos dez pontos programáticos que encerram o segundo capítulo do *Manifesto*, sete se referem diretamente às formas de pro-

---

*   Karl Marx e Friedrich Engels, *Manifesto Comunista* (trad. Álvaro Pina e Ivana Jinkings, 1. ed. revista, São Paulo, Boitempo, 2010), p. 52 e 69. (N. E.)

priedade[73]. Estes implicam uma primazia da "economia moral" sobre a concorrência de todos contra todos, da solidariedade sobre o cálculo egoísta, do direito consuetudinário dos pobres sobre o privilégio dos possuidores, do interesse público sobre a cobiça privada. Contudo, isso não significa abolir todas as formas de propriedade, mas "a moderna propriedade privada, a propriedade burguesa", em outras palavras, "o modo de apropriação" baseado na exploração do trabalho de outrem.

Em *O capital*, Marx opõe a propriedade individual à propriedade privada:

> O modo de apropriação capitalista [...] é a primeira negação da propriedade privada individual, fundada no trabalho próprio. Todavia, a produção capitalista produz, com a mesma necessidade de um processo natural, sua própria negação. É a negação da negação. Ela não restabelece a propriedade privada, mas a propriedade individual sobre a base daquilo que foi conquistado na era capitalista, isto é, sobre a base da cooperação e da posse comum da terra e dos meios de produção produzidos pelo próprio trabalho.[74]

Paul Sereni dedica-se com sucesso a elucidar esse texto enigmático. Marx recorda que, entre os germânicos, o *ager publicus* é um simples complemento da propriedade individual. Cada proprietário individual tem sua parte do pasto, do campo de caça, da floresta. Disso resulta uma distinção histórica entre propriedade individual e propriedade privada, e a evidenciação de um tipo de propriedade que não associa o produto – separado do conjunto, da associação e da comunidade – a um ser único. Sereni cita o texto surpreendente de

---

[73] "1) Expropriação da propriedade fundiária e emprego da renda da terra para despesas do Estado. 2) Imposto fortemente progressivo. 3) Abolição do direito de herança. 4) Confisco da propriedade de todos os emigrados e rebeldes. [...] 6) Centralização de todos os meios de comunicação e transporte nas mãos do Estado. 7) Multiplicação das fábricas nacionais e dos instrumentos de produção, arroteamento das terras incultas e melhoramento das terras cultivadas, segundo um plano geral." Ibidem, p. 58.

[74] Karl Marx, *O capital*, Livro I, cit., p. 832.

Os despossuídos

1844 em que Marx imagina, supondo "que produzimos como seres humanos", que:

> Eu teria em minhas manifestações individuais a alegria de criar a manifestação da vida, isto é, realizar e afirmar em minha atividade individual minha verdadeira natureza, minha sociabilidade humana; nossas produções seriam espelhos em que nossos seres resplandecem uns para os outros.[75]

A oposição entre propriedade individual e propriedade privada é retomada em *A guerra civil na França**. Marx ressalta que a Comuna de Paris queria transformar a propriedade individual em realidade e assim restabelecer uma forma de apropriação que fosse uma propriedade pessoal autêntica. Que sentido se deve dar, pergunta Sereni, a esse restabelecimento apresentado como a negação da negação? Ele deduz que a individualização em Marx não se confunde com a privatização. Permitindo a conciliação da emancipação de cada indivíduo com a de todos, o restabelecimento da "propriedade individual" se torna compatível com a apropriação social. Contudo, insiste Marx, isso não é um simples retorno a uma comunidade original ou a um paraíso perdido. Ao contrário, o "restabelecimento" em questão se baseia nos "direitos adquiridos" ou nas conquistas da era capitalista. Portanto, trata-se aqui do surgimento de uma coletividade e de uma individualidade novas.

Para Sereni, "o ponto decisivo é a suposição de que toda forma de realização de si mesmo pode ser designada como propriedade". Desse modo, Marx reataria com outro sentido original da noção de propriedade, tal como foi empregada por Locke, para quem "todo homem é proprietário de sua própria pessoa", ou pelos *levellers*, que ainda a viam como o fundamento da autonomia individual: "O pressuposto da ideia de uma propriedade de si parece ser o caminho seguido por

---

[75] Karl Marx, "Manuscrits de 1844/Économie et philosophie", em *Œuvres II* (Paris, Éditions Sociales, 1962).

* Trad. Rubens Enderle (São Paulo, Boitempo, 2011). (N. E.)

Daniel Bensaïd

Marx"[76]. É essa propriedade imprescritível de si que, na força de trabalho, resiste à mercadorização e faz com que, mesmo obrigada a se oferecer no mercado de trabalho, essa força se rebele e não ceda. Como "personalidade viva de um homem"*, escreve Marx em *O capital*, ela não se resigna a se tornar uma mercadoria como outra qualquer. Por isso ele evoca a perspectiva de uma forma de apropriação social que preserva "a propriedade individual" como realização de si. Ela não implicaria somente uma mudança no estatuto jurídico da propriedade, pois, para ele, a apropriação social difere fundamentalmente da apropriação estatal. Das tiradas contra o "comunismo rude" dos *Manuscritos parisienses* de 1844 à *Crítica do Programa de Gotha***, passando pelas polêmicas com Lassalle, Marx nunca mudou sua visão sobre esse ponto. Ainda resta tirar as devidas conclusões a respeito da despossessão do processo e do produto do trabalho, dos efeitos do trabalho sobre o trabalhador forçado, do fetichismo da mercadoria e do trabalho alienado[77]. A partir dos "direitos adquiridos" do desenvolvimento capitalista, a pequena propriedade do trabalhador independente ficou irremediavelmente para trás, mas "uma forma individual de posse no sentido amplo" ainda é condição necessária para "o livre desenvolvimento de cada um": "Assim, o lugar da preocupação consigo mesmo é central no comunismo e na concepção da individualidade; portanto, devemos nos perguntar não se há um individualismo marxiano, mas em que sentido convém entendê-lo"[78].

---

[76] Paul Sereni, *Marx, la personne et la chose*, cit., p. 209 e 219. Sereni contesta a interpretação de Engels, muito estreita em sua opinião, segundo a qual o texto de Marx sugere apenas uma distinção entre propriedade social dos meios de produção e propriedade individual dos produtos e objetos de consumo. Em *Homo aequalis*, Louis Dumont desenvolve uma interpretação que vai em sentido análogo, mostrando Marx como um liberal igualitário coerente.

* Karl Marx, *O capital*, Livro I, cit., p. 242. (N. E.)

** Eds. bras.: *Manuscritos econômico-filosóficos* (trad. Jesus Ranieri, São Paulo, Boitempo, 2004); *Crítica do Programa de Gotha* (trad. Rubens Enderle, São Paulo, Boitempo, 2012). (N. E.)

[77] Esse é o objeto em especial do livro de Antoine Artous, *Le fétichisme chez Marx* (Paris, Syllepse, 2006), e das recensões críticas de Stavros Tombazos na revista *Contretemps*, n. 20 e 21, 2007 e 2008.

[78] Paul Sereni, *Marx, la personne et la chose*, cit.

Era do acesso?

Diante do aprofundamento das desigualdades e do crescimento das exclusões, é uma urgência social que haja uma nova divisão das riquezas. Não se trata simplesmente de repartir essas riquezas de forma mais equitativa. Essa questão está ligada de maneira indissociável à questão da propriedade. Paradoxalmente, quando a privatização chega ao cúmulo e sua concentração alcança um grau inigualável, surge a estranha ideia de que a questão da propriedade faz parte da pré-história do movimento operário. A partir do momento em que o direito de licença toma o lugar do direito de venda para assegurar uma nova forma de renda a seus detentores, a propriedade torna-se solúvel no acionariato e na economia do acesso[79]. Em 2000, Jeremy Rifkin, que imprudentemente se aventurou a profetizar "o fim do trabalho", defendeu em *A era do acesso* que, na "nova economia", a propriedade estava condenada a desaparecer diante do acesso, e o mercado, a sumir na rede. O mercado, porém, continua esbanjando saúde. Só precisou domesticar a rede, tornando-se um mercado reticular. Mas ele não foi sempre assim? Quanto ao "acesso", ele não tomou o lugar da propriedade. Como todo pedágio, ele é apenas um direito de entrada[80].

Em resumo, para Rifkin, o próprio capital está a caminho da descapitalização. Após "o fim do trabalho" virá o fim do capital? Sendo ambos estreitamente ligados, seria lógico que houvesse um fim comum. Assim como a sobrevivência de ambos. Hoje, a questão é trabalhar mais, não para ganhar mais, como afirma o discurso sarkoziano, mas para pagar mais e viver menos. Quanto mais trabalhamos, mais o capital prospera.

---

[79] Ver o artigo de Jean Sylvestre, "Les progiciels de la micro-informatique, un modèle de rente", *Contretemps*, n. 5, set. 2002.

[80] E, no entanto, o falso profeta Rifkin observa que, em 2000, 30 milhões de norte--americanos já residiam em espaços de "Common Interest Development", isto é, em áreas fechadas para ricos que confiscam o espaço público: "Não existe espaço público dentro dos CIDs e está fora de cogitação abri-los ao público". É difícil ver um definhamento da propriedade privada nessa privatização da rua e do espaço, em vez de um aspecto de sua extensão à cidade e ao vivente!

Daniel Bensaïd

As elucubrações de Jeremy Rifkin não teriam nenhuma importância se, na entrada dos anos 2000, não revelassem os ares do tempo, em particular os novos ventos que a "terceira via" blairista começava a fazer soprar na social-democracia europeia. Ainda primeiro-ministro, Lionel Jospin declarou sem pestanejar que "nossa política industrial superou a questão da propriedade dos meios de produção". Ele acreditava tão piamente nisso que, sozinho, privatizou mais do que os governos de direita que o antecederam (Édouard Balladur e Alain Juppé). Laurent Fabius foi ainda mais longe, ao discursar do alto do seu poleiro na Assembleia: "Hoje, apesar do papel central que teve na prática e na reflexão da esquerda no século XX, esse problema ficou para trás, ainda que às vezes, como a luz das estrelas, o assunto volte a ser discutido, apesar de elas terem desaparecido há muito tempo"[81]. Tirando as devidas conclusões dessa audaciosa renovação teórica, ele anunciava com o mesmo ímpeto que "tudo que é concorrencial está destinado a ser privado". A julgar pela expressão enérgica, a extensão do campo privatizável depende do que é decretado como concorrencial, e basta decidir que a saúde ou a educação são concorrenciais para deduzir que são privatizáveis. Nem o pós-stalinismo senil, nem o social-liberalismo de Madame Royale, nem o ecoliberalismo de Daniel Cohn-Bendit, nem o neocolonialismo humanitário de Bernard Kouchner se comoveram com esse adeus do socialismo[82].

Ao contrário de certa esquerda cooptada pela euforia da bolsa, o economista Milton Friedman, líder defunto da escola ultraliberal co-

---

[81] *La Revue Socialiste*, n. 1, 1999.

[82] De Marx a Blum, passando por Blanqui, Guesde e Jaurès, todos tinham pleno conhecimento de que "a propriedade é o poder". Cedendo em relação a esse ponto, os socialistas liberais pavimentaram o caminho para os seus futuros fracassos eleitorais. O cientista político Zaki Laïdi chegou a se congratular pelo fato de que Jospin tivesse "mais privatizações do que Juppé" em seu ativo. Alegrou-se até, "pois o regime de propriedade não é mais essencial atualmente", e "o crescimento dos fundos de pensão na regulação financeira está aí para frisar que o endurecimento da competição não é incompatível com o desenvolvimento de um capitalismo popular". Nessa marcha triunfal dos mercados, a propriedade pública tornou-se, ao contrário, uma "desvantagem para a mobilização dos recursos", e portanto estaria fadada a "desaparecer da regulação das relações comerciais" (*Le Monde*, 1º set. 1998).

nhecida como *Chicago boys* (que deixaram mais cadáveres em seu rastro do que Al Capone e seus esbirros), sabia muito bem que a propriedade é o nervo da guerra social: "A questão crucial não é saber se o mercado vai funcionar ou não. Todas as sociedades – comunistas, socialistas, capitalistas – utilizam o mercado. A questão crucial é a da propriedade privada"[83]. Para bom entendedor... Friedman aconselhava as mentes férteis da "terceira via" de Tony Blair-Anthony Giddens e o "novo centro" de Gerhard Schröder-Bodo Hombach[84] a "superar" os obstáculos políticos que impedem a ampliação dos mercados, acabar com "a tirania do *statu quo*", "desestimular a renda de situação e acabar com as vantagens adquiridas". Não há dúvida de que essa via além-túmulo inspirou Sarkozy e sua direita descomplexada, assim como a coalizão de centro-esquerda alinhada a Romano Prodi.

Direitos oponíveis (à existência)

A questão da propriedade e da apropriação social brota de todos os poros da sociedade. No outono de 2006, sob pressão da campanha de sensibilização dos movimentos Enfants de Don Quichotte e Droit au Logement, o parlamento francês votou uma lei que instituía um "direito oponível" à moradia. Oponível a quem e a quê? Aos poderes públicos, em teoria, por recurso judicial, se estes se encontram incapacitados de assegurar moradia aos solicitantes. Mas esse direito a um teto deveria ser oponível sobretudo ao direito de propriedade, quer se trate de requisição de locais e moradias vagas, quer de terrenos para construção, quando prefeituras – como, por exemplo, a de Neuilly – alegam falta de recursos para justificar a ausência de moradias sociais na área da comuna.

Entre os dez objetivos da Carta Ecológica de Nicolas Hulot, assinada por quase todos os candidatos à presidência da França num comovente consenso pré-eleitoral, constava o objetivo de "conter a

---

[83] Milton Friedman, *Le Monde*, 20 jul. 1999.

[84] O sociólogo Anthony Giddens foi o ideólogo do blairismo e da "terceira via", por intermédio em especial da publicação de um livro-manifesto epônimo. Bodo Hombach desempenhou papel equivalente na Alemanha em relação a Gerhard Schröder, com sua teoria do Novo Centro (*Neue Zentrum*).

Daniel Bensaïd

extensão periurbana e realocar as atividades humanas", assim como "estabelecer um preço real para os serviços prestados pela natureza". O desejo de um equilíbrio harmonioso entre campo e cidade não é novo. Já era uma das dez prioridades do *Manifesto Comunista* de 1848. Foi também uma preocupação importante dos desurbanistas soviéticos dos anos 1920. É verdade que, hoje, o problema espacial é muito mais premente. A ampliação dos transportes aumenta a poluição. As cidades se perdem em zonas periurbanas, bairros informes e terrenos baldios. Mas como imaginar um reequilíbrio sem mexer com a propriedade fundiária? E sem mexer com a especulação e a propriedade imobiliária que expulsam as classes populares para habitações cada vez mais distantes? De maneira mais geral, como imaginar essa revolução do espaço sem sua reapropriação social?

Quanto a estabelecer um "preço real" para os serviços prestados pela natureza, a tentativa parece mais improvável ainda. Para estabelecer preços, primeiro seria preciso converter os serviços em questão em valor monetário. Essa conversão pressupõe uma avaliação do mercado, cujo metabolismo transforma bens e trabalhos qualitativamente diferentes em trabalhos e valores abstratos comensuráveis. Mas como avaliar em termos monetários o preço que o planeta deveria pagar pelo aterro de resíduos radioativos cujos efeitos de longo prazo são imprevisíveis? E pelos desmatamentos? E pela poluição dos oceanos? E pelo derretimento das geleiras? E pelas mudanças climáticas? A troca comercial e o desenvolvimento ambiental pertencem a temporalidades diferentes. A avaliação do custo social provocado pelos desastres ambientais não se faz instantaneamente, ao sabor das cotações da bolsa ou dos caprichos do Dow Jones ou do Cac 40.

Tentando decifrar o custo da mudança climática em setecentas páginas, o Relatório Stern sobre o aquecimento global chegou a uma fatura de aproximadamente 5,5 trilhões de euros, incluindo os prejuízos urbanos, sanitários e alimentares[85]. Essas previsões não podem preten-

---

[85] Ver os artigos de Daniel Tanuro em www.europe-solidaire.org, assim como a entrevista que concedeu a Jean-Pascal van Ypersele, *Inprecor*, n. 525, fev.-mar. 2007.

Os despossuídos

der incluir os custos imprevisíveis de longo prazo. O diagnóstico, porém, é categórico: a mudança climática sanciona "um fracasso sem precedentes do mercado"! Os climatologistas avaliam o potencial energético da radiação solar em 8 mil vezes a demanda primária da humanidade e estimam que as técnicas que dominamos atualmente permitiriam atender mais de oito vezes nossas necessidades, desde que se comece rapidamente a transição energética. Mas a renda proveniente do petróleo e os interesses ligados a ele pesam a favor da manutenção do modelo ecossuicida em vigor. Depois que a madeira foi transformada em mercadoria, o carvão, o gás e o petróleo se tornaram bens exclusivamente apropriáveis. Seria extremamente difícil transformar a radiação solar, fluxo energético difuso e ilimitado, em fonte de renda[86].

O Relatório Stern compara o custo da inação (esperar e deixar o mercado agir) com o do resgate do clima, esforçando-se para limitá-lo o máximo possível, de acordo com os meios e os critérios da economia mercantil. Essas manobras contábeis para transformar em mercadoria coisas que não são mercadoria (vida humana, ecossistemas), atribuindo um preço de mercado a elas, mostram apenas a impossibilidade de solucionar o desafio ambiental pela lei implacável do valor comercial. Com o apoio da *expertise* científica e da ética compassiva, Nicholas Stern recomenda que os governos abafem a crítica social à fratura ambiental com sermões sobre as mudanças de comportamento dos consumidores.

A ecologia social tem razões que a desrazão capitalista desconhece. Não podemos entregar o cuidado com o planeta ao arbítrio míope da bolsa ou aos mecanismos da regulação mercantil, ainda que se tratasse de um "mercado verde". Não podemos fazê-lo sobretudo porque a lógica concorrencial do capital estimula a produção de bens inúteis ou nocivos, exige campanhas publicitárias caras, gera superproduções e desperdícios. A ideia – bastante vaga – de um "desenvolvimento duradouro" evoca uma temporalidade longa e lenta,

---

[86] Essa é uma das razões por que as pesquisas sobre as capacidades das células fotovoltaicas não avançaram mais rápido. Contudo, estudos publicados em 2006 afirmam que, graças às células fotovoltaicas, esperava-se experimentalmente 40% de conversão da energia solar em energia elétrica (em vez de 20%, conforme previsão anterior).

Daniel Bensaïd

incompatível com a histerização da corrida ao mais-valor e a incitação publicitária ao consumo compulsivo. Entre a lógica mercantil, pela qual o tempo abstrato de trabalho é a medida de todas as coisas, e a relação ponderada com as condições naturais de reprodução da espécie humana no tempo e no espaço, não há comparação possível. A incomensurabilidade entre valores mercantis e valores ambientais marca um dos limites históricos do modo de produção capitalista.

Diante das crueldades da selva mercantil, o *Manifesto* da Associação pela Taxação das Transações Financeiras para a Ajuda aos Cidadãos (Attac) lista uma série de medidas que poderiam derrubar os pilares do neoliberalismo. Mas atacar esses pilares é questionar a soberania dos proprietários. E como planejar um ambicioso programa de reconversão energética, ao longo de décadas, sem contestar o poder das grandes companhias petrolíferas e da indústria nuclear, sem confrontar os *lobbies* privados das indústrias de armamentos e comunicação, cada vez mais relacionados? Nesse caso, não se trata mais de vantagens comparativas de soluções econômicas racionais, mas de uma prova de força política. É nisso que reside a pequena diferença que faz toda a diferença entre um antiliberalismo mínimo e um antiliberalismo coerente, determinado a desafiar o despotismo do capital e do mercado; em outras palavras, um movimento anticapitalista decidido a mudar o mundo, antes que ele nos destrua.

Quem vencerá?
Segundo Grégoire Chamayou,

> Desde que não seja entendida no sentido estrito que adquire no direito da propriedade intelectual, e não seja reduzida a uma concepção estritamente formal da liberdade de acesso, não seja defendida por argumentos diferencialistas, não seja dissociada de formas alternativas de organização da produção, a noção de domínio público pode ter um alcance político insubstituível.[87]

---

[87] Grégoire Chamayou, "Le débat américain sur liberté, innovation, domaine public", cit., p. 48.

Os despossuídos

As condições são muitas, mas são as de uma luta eficaz contra as novas formas de predação e acumulação capitalista. Nos Estados Unidos, algumas pessoas contestam a fetichização da palavra "domínio público", alegando que sua unidade lexical cobre situações muito diferentes. Com efeito, que relação há entre o *copyright* de um texto e a patente de uma molécula? Misturar essas questões sob a rubrica genérica de propriedade intelectual, opondo-lhe de maneira igualmente genérica o princípio do domínio público, pode de fato causar confusão:

> É verdade que as diversas questões coligidas sob esses termos não têm o mesmo grau de urgência nem os mesmos atores. No entanto, não posso me desfazer da ideia de que a luta dos *hackers* contra o bloqueio dos *softwares* proprietários, dos camponeses contra o controle tecnológico das sementes, dos internautas presos ao modelo *peer-to-peer*, dos cientistas preocupados com a ética do compartilhamento dos resultados das pesquisas, dos bibliotecários que defendem o princípio de *first sale* contra a taxação da leitura, das associações que se opõem às patentes de medicamentos contra a taxação da saúde, dos artistas que acreditam que toda criação passa por *sampling* e colagens de todos os tipos, das comunidades autóctones para as quais a figura do inventor individual não tem nenhum sentido, e muitas outras lutas, não têm relação umas com as outras. Talvez seja para intensificar essas relações, apenas esboçadas, que pode servir o conceito de "domínio público.[88]

Pelo debate a respeito do furto de madeira, Marx enveredava em 1842 no caminho escarpado da "crítica da economia política", que iria conduzi-lo ao centro dos mistérios e dos prodígios do capital. Do direito consuetudinário dos pobres aos bens comuns da humanidade, passando pelo princípio de um "domínio público", o material mudou, mas a pergunta permanece: cálculo egoísta ou solidariedade e interesse comum, propriedade ou direito oponível à existência, quem vencerá? Nossa vida vale mais que o lucro: "De pé, despossuídos do mundo!".

Paris, 2007

---

[88] Ibidem, p. 48-9.

DEBATES SOBRE A LEI REFERENTE AO FURTO DE MADEIRA

TRATATIVAS DA SEXTA DIETA RENANA

Por um Renano

TERCEIRO ARTIGO:

Gazeta Renana, Colônia, n. 298, 25 out. 1842. Suplemento.

Descrevemos até agora duas grandes encenações tragicômicas[1] protagonizadas pela Dieta Renana, a saber, os tumultos que causou em relação à liberdade de imprensa e sua falta de liberdade em relação a esses tumultos. Agora jogaremos em terreno plano. Mas antes de passar para a questão terrena propriamente dita, para a questão do parcelamento da propriedade fundiária, proporcionaremos ao nosso leitor algumas cenas típicas, nas quais o espírito e, diríamos mais, a índole física da Dieta Renana se refletirá de muitas formas.

A lei referente ao furto de madeira, a exemplo da lei sobre delitos de caça, exploração florestal e agrária, mereceria ser discutida não só no que tange à Dieta Renana, mas também no que tange a si mesma. O problema é que não temos o [texto integral do] projeto de lei. Nosso material se limita a esboços de emendas da Dieta Renana e sua Comissão a leis que figuram apenas como números de parágrafos. As deliberações dos deputados foram comunicadas de maneira tão esquálida, desconexa e apócrifa que esse comunicado se parece mais com uma mistificação. A julgar pelo material sem pé nem cabeça de

---

[1] No original, *Haupt-und Staatsaktionen*, gênero teatral alemão em voga nos séculos XVII e XVIII, de cunho dramático e farsesco, com elementos de improvisação e representado por companhias teatrais ambulantes. (N. T.)

Karl Marx

que dispomos, a Dieta Renana quis prestar reverência à nossa província com seu silêncio passivo.

Um fato característico dos presentes debates imediatamente salta à vista. A Dieta Renana se posta como *legislador suplementar* ao lado do legislador estatal. Será de grande interesse desenvolver, com base em um exemplo, as qualidades legislativas da Dieta Renana. A partir desse ponto de vista, o leitor nos perdoará se pedirmos que se muna de paciência e perseverança, duas virtudes que tiveram de ser incessantemente exercitadas durante a elaboração de nosso estéril tema. Expor os debates da Dieta Renana sobre a lei referente ao furto de madeira é o mesmo que *expor os debates da Dieta Renana sobre sua vocação legislativa.*

Logo no início do debate, um deputado das cidades[*] se opõe ao *título* da lei, pelo qual a categoria *"furto"* é estendida a simples delitos referentes à exploração de madeira.

Um deputado da nobreza[**] replica que "isso acontece com tanta frequência justamente porque não é considerado furto subtrair madeira".

Por essa analogia, o mesmo legislador deveria concluir o seguinte: bofetadas são desferidas com tanta frequência porque uma bofetada não é considerada assassinato. Decrete-se, portanto, que bofetada é assassinato.

Outro deputado da nobreza[***] acha "bem mais problemático não pronunciar a palavra 'furto', porque as pessoas que ficassem sabendo da discussão sobre essa palavra facilmente seriam levadas a crer que a subtração de madeira não seria considerada furto nem mesmo pela Dieta Renana".

A Dieta Renana deve decidir se considera ser furto um delito referente à exploração de madeira; mas se a Dieta Renana não declarar que um delito referente à exploração de madeira é um furto, as pessoas poderiam pensar que a Dieta Renana realmente não considera

---

[*]   Joseph Friedrich Brust. (N. E.)

[**]   Eduard Bergh, conde de Trips. (N. E.)

[***] Maximilian, barão de Loë. (N. E.)

Os despossuídos

furto um delito referente à exploração de madeira. Portanto, é melhor deixar de lado essa controvérsia capciosa. Trata-se de um eufemismo, e eufemismos devem ser evitados. O proprietário florestal não deixa o legislador falar, pois as paredes têm ouvidos.

O mesmo deputado vai ainda mais longe. Ele considera toda essa análise da expressão "furto" "uma ocupação questionável do plenário da Assembleia com *melhorias redacionais*".

Depois dessas manifestações luminosas, a Dieta Renana votou o título.

A partir do ponto de vista há pouco recomendado, no qual a transformação de um cidadão do Estado em ladrão é confundida com pura negligência redacional e se rejeita toda oposição a isso como purismo gramatical, é óbvio que os atos de *subtrair madeira caída* ou ajuntar madeira seca também são subsumidos sob a rubrica "furto" e estão sujeitos à mesma punição que a subtração de madeira verde, das árvores ainda em pé.

O deputado das cidades já mencionado faz a seguinte observação:

> Dado que a punição pode se agravar até longos períodos de cadeia, tal rigor levaria pessoas que de resto ainda estão no bom caminho diretamente para o caminho do crime. E isso aconteceria também porque, na cadeia, se juntam a ladrões contumazes; por conseguinte, defende-se que a coleta ou subtração de madeira seca do chão deveria estar sujeita a uma simples multa aplicada pela polícia.

Porém, outro deputado das cidades* refuta-o com a alegação muito bem pensada de que, nas florestas de sua região, "com frequência árvores novas são de início apenas lanhadas e, depois de se deteriorarem por causa disso, seriam tratadas como madeira seca".

Não há maneira mais elegante e ao mesmo tempo mais simples de derrubar o direito das pessoas em favor do direito das árvores novas. Se, por um lado, o parágrafo for aprovado, será necessário cortar uma massa de pessoas sem intenção criminosa da árvore verdejante da

---

*   Nikolaus Getto. (N. E.)

Karl Marx

moralidade e lançá-la qual madeira seca no inferno da criminalidade, da infâmia e da miséria. Se, por outro lado, o parágrafo for rejeitado, haverá a possibilidade de que algumas árvores novas sofram maus--tratos, e alegar isso é quase desnecessário! Os ídolos de madeira obtêm a vitória e as vítimas humanas são abatidas!

O Código Penal [do século XVI]* subsume sob furto de madeira apenas a subtração de madeira cortada e o corte de madeira visando ao furto. Pois a nossa Dieta Renana não acreditará nisto: "Porém se alguém, à luz do dia, pegar frutas para comer e, levando-as embora, não causar nenhum prejuízo significativo, deverá ser punido civilmente [e, portanto, não criminalmente][2], considerando-se a pessoa e o objeto". O Código Penal do século XVI nos convoca a defendê-lo da reprimenda de praticar a humanidade exagerada em comparação com uma Dieta Renana do século XIX, e nós atenderemos a essa convocação.

Ajuntar madeira seca e o mais bem planejado furto de madeira! Uma determinação é comum a ambos. A apropriação de madeira alheia. Portanto, as duas coisas são furto. Nisso se resume a lógica míope que há pouco se converteu em lei.

Por conseguinte, chamamos a atenção primeiramente para a *diferença* aqui presente, e, quando se é forçado a admitir que os atos são diferentes segundo a essência, dificilmente se poderá afirmar que são os mesmos segundo a lei.

Para apropriar-se de madeira verde é preciso separá-la com violência de sua ligação orgânica. Assim como isso representa um atentado evidente contra a árvore, representa um atentado evidente contra o proprietário da árvore.

---

* Marx tinha a edição de Johann Christoph Koch, *Hals oder peinliche Gerichtsordnung Kaiser Carls V. und des H. Rom. Reichs nach der Originalausgabe vom J. 1533 auf das genaueste abgedruckt* [Código penal do Imperador Carlos V e do Sacro Império Romano, impresso acuradamente segundo a edição original de 1533] (4. ed., Gießen, 1787). O primeiro Código Penal Geral da Alemanha, *Hochnotpeinliche Halsgerichtsordnung*, também conhecido como *Constitutio Criminalis Carolina*, promulgado em 1532 sob o imperador Carlos V pela Dieta imperial reunida em Regensburg, estipulava penas duras e cruéis (fogueira, esquartejamento, afogamento etc.) para crimes e delitos de todo tipo e permaneceu em vigor até meados do século XVIII. (N. E.)

[2] O texto entre colchetes é de Marx. (N. T.)

Os despossuídos

Ademais, se a madeira cortada for furtada de um terceiro, ela é produto do proprietário. Madeira cortada já é madeira formada. A ligação natural com a propriedade foi substituída pela ligação artificial. Portanto, quem furta madeira cortada furta propriedade.

No caso da madeira caída no chão, em contraposição, nada é tirado da propriedade. Tira-se da propriedade o que já foi tirado dela. O ladrão de madeira profere uma sentença autocrática contra a propriedade. O coletor de madeira seca apenas executa uma sentença já proferida pela própria natureza da propriedade, pois o que se possui é a árvore, mas a árvore já não possui aqueles galhos.

Desse modo, ajuntar madeira seca do chão e roubar madeira são coisas essencialmente diferentes. O objeto é diferente, a ação em relação ao objeto não é menos diferente e, portanto, a intenção também tem de ser diferente, pois que outro critério objetivo teríamos para julgar a intenção além do conteúdo e da forma da ação? E, a despeito dessa diferença essencial, ambas as coisas são chamadas de furto e punidas como furto. Até mesmo a coleta de madeira seca do chão é punida com mais rigor do que o furto de madeira, pois ela já é punida ao ser declarada como furto, uma punição que, pelo visto, não é imposta ao próprio furto de madeira. Os senhores deveriam tê-lo chamado de assassinato da madeira e puni-lo como assassinato. A lei não está dispensada do dever universal de dizer a verdade. Ela o tem duplamente, pois é o proclamador universal e autêntico da natureza jurídica das coisas. A natureza jurídica das coisas não pode, por conseguinte, guiar-se pela lei, mas a lei tem de guiar-se pela natureza jurídica das coisas. Porém, quando chama de furto de madeira um ato que nem chega a ser um delito de exploração de madeira, a lei *mente* e o pobre é sacrificado por uma mentira legal. Montesquieu diz: *"Il y a deux genres de corruption, l'un lorsque le peuple n'observe point les lois; l'autre lorsqu'il est corrompu par les lois: mal incurable parce qu'il est dans le remède même"*[3].

---

[3] "Há dois gêneros de corrupção: um quando o povo não observa as leis e outro quando é corrompido por elas; mal incurável porque reside no próprio remédio." Charles de Montesquieu, *Do espírito das leis* (São Paulo, Nova Cultural, 1997), p. 125.

Karl Marx

Não podendo forçar alguém a acreditar que há crime onde não há crime, os senhores vão transformar o próprio crime em ato legal. Os senhores borraram os limites entre uma coisa e outra, mas estão enganados se acreditam que eles foram borrados somente no seu interesse. A população vê a pena, mas não vê o crime, e justamente por ver a pena onde não há crime não verá crime onde houver a pena. Ao aplicar a categoria de furto onde ela não pode ser aplicada, os senhores a abrandam onde ela tem de ser aplicada.

E acaso esse ponto de vista brutal, que registra apenas uma determinação comum em atos diferentes e ignora a diferença, não revoga a si próprio? Se todo atentado contra a propriedade, sem qualquer distinção, sem determinação mais precisa, for considerado furto, não seria furto também toda propriedade privada? Por meio de minha propriedade privada não estou excluindo todo e qualquer terceiro dessa propriedade? Não estou, portanto, violando seu direito à propriedade? Ao negar a diferença entre tipos essencialmente diferentes do mesmo crime, os senhores negam o crime como *diferença em relação ao direito*, revogam o próprio direito, pois todo crime tem um aspecto em comum com o próprio direito. Portanto, é um fato tão histórico quanto racional que a severidade indiscriminada anula o êxito da pena, pois anulou a pena enquanto êxito do direito.

Mas qual o objeto da nossa disputa? A Dieta Renana rejeita a diferença entre a coleta de madeira seca do chão, o delito referente à exploração de madeira e o furto de madeira. Ela rejeita a diferença entre os atos como determinante para o ato quando se trata do *interesse de quem comete um delito de exploração da floresta*, mas a reconhece quando se trata do *interesse do proprietário florestal*.

Assim, a Comissão propõe, *adicionalmente*, "caracterizar como circunstâncias agravantes quando madeira verde for cortada ou decepada com o uso de instrumento cortante ou quando, em vez do machado, for usada a serra". A Dieta Renana aprovou essa diferenciação. A mesma perspicácia, tão escrupulosa que diferencia um machado de uma serra quando se trata do seu interesse, é inescrupulosa a ponto

Os despossuídos

de, quando se trata do interesse alheio, não diferenciar madeira seca no chão de madeira verde. A diferença é relevante como circunstância agravante, mas não tem nenhuma relevância como circunstância atenuante, ainda que a circunstância agravante não seja possível se as circunstâncias atenuantes são impossíveis.

A mesma lógica se repete várias vezes durante o debate.

No §65, um deputado das cidades* deseja "que o *valor* da madeira subtraída também seja usado como critério para a determinação da pena", "o que é refutado pelo relator como *nada prático*". O mesmo deputado das cidades observa, no §66: "de modo geral, falta em toda a lei uma indicação de valor, com base na qual a pena é elevada ou reduzida".

A importância do valor para a determinação da pena no caso de atentados contra a propriedade é óbvia.

Se o conceito do crime exige a pena, a realidade do crime exige uma medida da pena. O crime real é limitado. A pena deverá ser limitada para ser real, e terá de ser limitada conforme um princípio legal para ser justa. A tarefa consiste em fazer da pena a consequência real do crime. Ela deve então aparecer ao criminoso como o efeito necessário de seu próprio ato e, por conseguinte, como *seu próprio ato*. O limite de sua pena deve ser, portanto, o limite de seu ato. O *conteúdo* determinado que foi violado é o limite do crime determinado. A medida desse conteúdo é, pois, a medida do crime. Essa medida da propriedade é seu *valor*. A personalidade existe sempre inteira em todo limite, enquanto a propriedade existe sempre apenas em um limite que não só é determinável, mas também determinado, não só mensurável, mas também mensurado. O valor é a existência burguesa da propriedade, a palavra lógica pela qual ela começa a adquirir compreensibilidade e comunicabilidade social. Entende-se que essa determinação objetiva, dada pela própria natureza do objeto, deve igualmente constituir uma determinação objetiva e essencial da pena. Se, nesse caso em que se

---

* Heinrich von Baur. (N. E.)

Karl Marx

trata de números, a legislação só pode proceder superficialmente para não se perder em uma determinação infindável, ela deve pelo menos regular. O decisivo não é esgotar as diferenças, mas fazê-las. Contudo, a Dieta Renana não achou importante dedicar sua ilustre atenção a tais ninharias.

Mas os senhores acreditam poder concluir disso que a Dieta Renana excluiu totalmente o valor da determinação da pena? Conclusão impensada, nada prática! O proprietário florestal – aprofundaremos esse ponto mais adiante – não só pede que o ladrão reponha o simples valor geral, mas ainda atribui um caráter individual ao valor, baseando nessa individualidade poética a exigência de uma indenização especial. Entendemos agora o que o relator entende por *prático*. O prático proprietário florestal raciocina assim: esta determinação legal é boa na medida em que me beneficia, pois o meu benefício é o bem. Esta determinação legal é supérflua, é prejudicial, não é nada prática, na medida em que, por puro capricho teórico-jurídico, deve ser aplicada também ao réu. Visto que o réu me é prejudicial, é óbvio que tudo o que não o prejudicar ao máximo me será prejudicial. Isso é sabedoria prática.

Nós, porém, como pessoas nada práticas, reivindicamos para a massa pobre política e socialmente sem posses o que o corpo de servidores erudito e douto dos assim chamados historiadores inventou como a verdadeira pedra filosofal para transformar qualquer pretensão impura em puro ouro legal. Reivindicamos para a pobreza o *direito consuetudinário*, mais precisamente um direito consuetudinário que não seja local, mas que constitua o direito consuetudinário da pobreza em todos os países. Vamos ainda além e afirmamos que, por sua natureza, o direito consuetudinário *só* pode ser o direito dessa massa mais baixa, sem posses e elementar.

Os assim chamados costumes dos privilegiados são entendidos como *costumes contrários ao direito*. A data do seu nascimento remonta à época em que a história da humanidade é parte da *história da natureza* e, confirmando a saga egípcia, todos os deuses se ocultam em figuras de animais. A humanidade aparece dividida em raças

Os despossuídos

de animais, cuja relação não é de igualdade, mas de desigualdade, uma desigualdade fixada pelas leis. A condição mundial da falta de liberdade exige direitos da falta de liberdade, pois enquanto o direito humano é a existência da liberdade, esse direito animal é a existência da falta de liberdade. O *feudalismo*, no sentido mais amplo, é o *reino animal do espírito*, o mundo da humanidade cindida em oposição ao mundo da humanidade que se diferencia, cuja desigualdade nada mais é que o espectro de cores da igualdade. Por conseguinte, nos países do feudalismo ingênuo, nos países do sistema de castas, onde a humanidade é posta em gavetas no sentido próprio do termo e os membros nobres do grande sagrado, do sagrado *humanus*, que se comunicam livremente entre si, são serrados em pedaços, fendidos, separados à força, encontramos também a *adoração do animal*, a religião do animal em sua forma primitiva, pois para o ser humano o ente supremo é sempre aquilo que constitui sua verdadeira natureza. A única igualdade que aparece na vida real dos animais é a igualdade de um animal com outros animais de sua espécie determinada, a igualdade da espécie determinada consigo mesma, mas não a igualdade do gênero. O gênero animal propriamente só aparece no comportamento hostil das diferentes espécies animais que afirmam umas contra as outras suas qualidades específicas *diferentes*. No *estômago do predador*, a natureza preparou o lugar preferencial da união, a fornalha da fusão mais íntima, o órgão de interconexão das diferentes espécies animais. Do mesmo modo, no feudalismo, uma raça se alimenta da outra até chegar lá embaixo, na raça que como um pólipo grudado na gleba nada possui além de muitos braços para colher os frutos da terra para as raças superiores, ao passo que ela própria se alimenta do pó, pois, enquanto no reino animal da natureza os zangões são mortos pelas abelhas operárias, no reino animal do espírito as abelhas operárias são mortas pelos zangões, e isso precisamente por meio do trabalho. Quando os privilegiados pelo *direito legal* apelam para os seus *direitos consuetudinários*, eles exigem, em lugar do conteúdo humano, a forma animal do direito, que agora perde sua realidade, tornando-se mera máscara animal.

Karl Marx

Gazeta Renana, Colônia, n. 300, 27 out. 1842. Suplemento.

Os direitos consuetudinários da nobreza resistem, por seu *conteúdo*, à forma da lei universal. Eles não podem virar leis, por serem formações resultantes da falta de lei. Ao resistirem por seu conteúdo à forma da lei, da universalidade e da necessidade, esses direitos consuetudinários provam justamente que são *não-direitos consuetudinários* e que não podem valer contra a lei, mas devem ser ab-rogados como oposição à lei e, dependendo das circunstâncias, punidos, pois ninguém para de agir contra o direito porque esse modo de agir é costume seu, assim como não se desculpa o filho salteador de um pai salteador por suas idiossincrasias familiares. Se alguém age contra o direito por intenção, puna-se sua intenção, se por costume, puna-se seu costume como um mau costume. Na era das leis universais, o direito consuetudinário racional nada mais é que o *costume do direito legal*, pois o direito não deixou de ser costume por ter se constituído como lei, ainda que tenha deixado de ser *apenas* costume. Para quem age conforme o direito, este se torna seu próprio costume; para quem age contra o direito, ele é imposto, mesmo que não seja seu costume. O direito não depende mais da contingência de o costume ser razoável, mas o costume se torna razoável porque o direito se tornou legal, porque o costume se tornou costume do Estado.

Por conseguinte, o direito consuetudinário como um *domínio à parte,* ao lado do direito legal, só é razoável onde o direito existe *ao lado* e fora da *lei,* onde o costume constitui a *antecipação* de um direito legal. Desse modo, não se pode falar em direitos consuetudinários dos estamentos privilegiados. Eles encontraram na lei não só o reconhecimento do seu direito razoável, mas muitas vezes até o reconhecimento de suas pretensões desarrazoadas. Elas não têm o direito de antecipar-se à lei, porque a lei já antecipou todas as possíveis consequências do seu direito. Por isso, eles só são reivindicados como domínio dos *menus plaisirs* [prazeres menores, associados a despesas extras], para que o mesmo conteúdo que na lei é tratado segundo seus limites razoáveis encontre no costume

Os despossuídos

um espaço de manobra para seus caprichos e pretensões que vão além de seus limites razoáveis.

Porém, se esses direitos consuetudinários da nobreza são costumes contrários ao conceito de direito razoável, os direitos consuetudinários da pobreza são direitos contrários ao costume do direito positivo. Seu conteúdo não oferece resistência à forma legal, mas sim à falta de forma dele próprio. A forma da lei não opõe a esse conteúdo, pois ele ainda nem a alcançou. Pouca reflexão é necessária para perceber como foi e teve de ser *unilateral* o tratamento dispensado pelas legislações esclarecidas aos *direitos consuetudinários da pobreza*, cuja fonte mais copiosa podem ser considerados os diversos direitos *germânicos*.

As legislações mais liberais limitaram-se, em termos *de direito privado*, a formular e alçar ao plano universal os direitos vigentes. Quando não encontraram nenhum direito vigente, tampouco o ofereceram. Elas revogaram os costumes particulares, mas com isso esqueceram que, enquanto a falta de direito dos estamentos aparecia na forma de pretensão arbitrária, o direito dos sem estamento apareceu na forma de concessões contingentes. Seu procedimento foi correto para com aqueles que tinham costumes ao lado do direito, mas foi incorreto para com os que tinham costumes sem ter o direito. Do mesmo modo que transformaram as pretensões arbitrárias, na medida em que havia nelas um conteúdo legal razoável, em exigências legais, deveriam ter transformado também as concessões contingentes em concessões necessárias. Podemos aclarar isso com o auxílio de um exemplo, a saber, o dos conventos. Os conventos foram abolidos, sua propriedade foi secularizada, e isso foi justo. Porém, o apoio contingente que os pobres recebiam dos conventos de modo nenhum foi transformado em outra fonte positiva de posse. Quando a propriedade dos conventos foi convertida em propriedade privada e os conventos foram de certo modo indenizados, não houve qualquer compensação para os pobres que viviam dos conventos. Pelo contrário, um novo limite lhes foi traçado e eles foram privados de um antigo direito. Isso aconteceu em todas as transformações de privilégios em direitos. Um aspecto positivo desses abusos, que também constituiu um abuso na medida

Karl Marx

em que converteu o direito de uma das partes em contingência, não foi eliminado pela reformulação da contingência em necessidade, mas por sua abstração.

A unilateralidade dessas legislações foi necessária, pois todos os direitos consuetudinários dos pobres baseavam-se no fato de que certo tipo de propriedade tinha um caráter incerto, que não a definia em absoluto como propriedade privada, mas tampouco decididamente como propriedade comum, sendo uma mistura de direito privado e direito público o que encontramos em todas as instituições da Idade Média. O órgão com o qual as legislações empreenderam tais formulações ambíguas foi o entendimento, e o entendimento não só é unilateral como sua atividade essencial é tornar o mundo unilateral, um trabalho grande e digno de admiração, pois só a unilateralidade confere forma ao particular e o extrai do visgo inorgânico do todo. O caráter das coisas é um produto do entendimento. Cada coisa precisa se isolar e ser isolada para ser algo. Ao fixar o conteúdo do mundo em uma determinidade estável e, por assim dizer, petrificar a essência fluida, o entendimento produz a multiplicidade do mundo, pois o mundo não seria multilateral sem as muitas unilateralidades.

O entendimento aboliu, portanto, as formações híbridas e incertas da propriedade, aplicando as categorias existentes do direito privado abstrato, cujo esquema encontrou já pronto no direito romano. E o entendimento legislador acreditou ter toda razão para abolir as obrigações dessa propriedade incerta com a classe mais pobre, tanto mais por ter abolido também seus privilégios estatais; ele só esqueceu que, até do ponto de vista do direito estritamente privado, havia aqui um direito privado duplo, um direito privado do possuidor e um direito privado do não possuidor, desconsiderando o fato de que nenhuma legislação revogou os privilégios de propriedade baseados no direito estatal, eles apenas foram despidos de seu caráter aventureiro e dotados de um caráter civil. Porém, se toda forma medieval do direito, e, portanto, também a propriedade, tinha uma essência híbrida, dualista e dicotômica em todos os seus aspectos, e se o entendimento afirmou com razão seu princípio de unidade

Os despossuídos

diante dessa determinação contraditória, ele não percebeu que há certos objetos da propriedade que, por sua natureza, jamais poderão adquirir o caráter de propriedade privada predeterminada, objetos que estão sujeitos ao direito de ocupação por sua essência elementar e por sua existência contingente, ficando sujeitos, portanto, ao direito de ocupação da classe que está excluída do direito de ocupação de qualquer outra propriedade e que, na sociedade burguesa, assume a mesma posição que aqueles objetos na natureza.

Descobriremos que os costumes que são costumes de toda a classe pobre sabem captar a propriedade com instinto certeiro por seu lado *indeciso*; descobriremos que essa classe não só sente o impulso de satisfazer uma necessidade natural, mas na mesma medida sente a necessidade de satisfazer um impulso legal. A madeira seca no chão nos serve de exemplo. Sua ligação orgânica com a árvore viva é tão pequena quanto a da pele descascada com a cobra. A própria natureza representa nos gravetos e galhos secos, quebrados, separados da vida orgânica, em contraste com as árvores e os troncos firmemente enraizados, cheios de seiva, assimilando ar, luz, água e terra na forma que lhes é própria e em sua vida individual, como que o antagonismo de pobreza e riqueza. É uma representação física de pobreza e riqueza. A pobreza humana sente essa afinidade e deriva desse sentimento de afinidade seu direito de propriedade, de modo que, deixando a riqueza orgânico-física para o proprietário premeditado, ela reivindica a pobreza física para a necessidade e sua contingência. Ela sente nessa atividade das potências elementares uma potência amistosa que é mais humana que a potência humana. A arbitrariedade contingente dos privilegiados foi substituída pela contingência dos elementos, que arrancam da propriedade privada o que ela não larga mais por si só. Do mesmo modo que não convêm aos ricos as esmolas jogadas na rua, não lhes pertencem essas *esmolas da natureza*. Mas a pobreza acaba obtendo seu direito em sua *atividade*. No *ato de coletar*, a classe elementar da sociedade humana confronta-se com os produtos da potência elementar da natureza, ordenando-os. É o que ocorre com os produtos florestais, que constituem um acidente

Karl Marx

totalmente contingente da posse e que por sua insignificância não podem ser objeto da atividade do proprietário propriamente dito; é o que ocorre com os direitos da respiga, com os da segunda colheita e com outros direitos consuetudinários desse tipo.

Nesses costumes da classe pobre há, portanto, um senso legal instintivo, sendo sua raiz positiva e legítima, e, nesse caso, a forma do *direito consuetudinário* é tanto mais natural porque *a existência mesma da classe pobre* até agora é *simples costume* da sociedade burguesa, que ainda não encontrou um lugar adequado no âmbito da estruturação consciente do Estado.

O debate em pauta oferece de imediato um exemplo de como se tratam esses direitos consuetudinários, um exemplo em que se esgotam o método e o espírito de todo o procedimento.

Um deputado das cidades* se opõe à determinação que trata como furto a coleta de frutas silvestres, como mirtilos e oxicocos. Ele refere-se principalmente aos filhos de pessoas pobres, que coletam aquelas frutas para ganhar um trocado para seus pais, o que *desde tempos imemoriais* foi permitido pelos proprietários e resultou em um *direito consuetudinário* para os pequenos. Esse fato é refutado pelo comentário de outro deputado: "em cuja região essas frutas já seriam artigos de comércio e mandadas em barricas para a Holanda".

Em *uma localidade*, de fato, já se conseguiu converter um direito consuetudinário dos pobres em *monopólio* dos ricos. A prova definitiva é apresentada quando se consegue monopolizar um bem comum; a consequência óbvia disso é que se deve monopolizá-lo. A natureza do objeto exige o monopólio, porque o interesse da propriedade privada o inventou. A brilhante ideia moderna que ocorreu a alguns comerciantes ávidos por dinheiro se torna irrefutável assim que ela fornece sobras ao interesse fundiário prototeutônico.

O legislador sábio impedirá o crime para não ter de puni-lo, mas ele não o impedirá impedindo a esfera do direito, e sim privando todo impulso jurídico de sua essência negativa, concedendo-lhe uma esfera

---

*   Heinrich von Baur. (N. E.)

Os despossuídos

positiva de ação. Ele não se restringirá a afastar a *impossibilidade* de que os integrantes de uma classe pertençam de direito a uma esfera mais elevada, mas elevará sua própria classe a uma possibilidade real de direitos; porém, se o Estado não for suficientemente humano, rico e generoso para isso, pelo menos é seu dever incondicional não transformar em *crime* o que foi convertido em *contravenção* unicamente por circunstâncias. Ele precisa valer-se da máxima clemência para corrigir como *desordem* social o que só pode punir como crime antissocial valendo-se da máxima injustiça. Caso contrário, ele combaterá o instinto social, achando que está combatendo sua forma associal. Em suma, quando se reprimem direitos consuetudinários tradicionais de um povo, seu exercício só pode ser tratado como simples *contravenção de competência da polícia*, e jamais punido como crime. A pena policial é a saída para um ato que as circunstâncias qualificam de desordem externa, sem que ele represente a violação da ordem legal eterna. A pena não pode inspirar mais repulsa do que a contravenção, a ignomínia do crime não pode se transformar na ignomínia da lei; o terreno do Estado fica minado quando a desgraça é transformada em crime ou o crime em desgraça. Bem distante desse ponto de vista, a Dieta Renana não observa nem mesmo as principais regras da legislação.

A alma mesquinha, lenhosa, desalmada e egoísta do interesse enxerga só um ponto, a saber, o ponto em que ela se machuca, a exemplo da pessoa grosseira que, por exemplo, considera um passante como a criatura mais infame e repugnante que há sob o sol só porque essa criatura lhe pisou nos calos. Ele converte seus calos no órgão com que vê e julga; ele converte o ponto em que o passante o toca no único ponto em que a essência dessa pessoa toca o mundo. Ora, uma pessoa pode pisar nos meus calos sem por isso deixar de ser honrada e até excelente. Assim como os senhores não devem olhar as pessoas a partir de seus próprios calos, tampouco devem olhá-las com os olhos do seu interesse privado. O interesse privado converte a esfera em que uma pessoa topa com ele de maneira hostil na esfera vital dessa pessoa. Ele converte a lei em *apanhador de ratos* que quer exterminar a praga, pois não é um pesquisador da natureza e, por isso, vê ratos

Karl Marx

apenas como praga; porém, o Estado deve ver naquele que cometeu um delito relativo à exploração da madeira mais do que alguém que violou a lei da madeira, mais do que um *inimigo da madeira*. Todos os seus cidadãos não estão ligados a ele por mil nervos vitais? Ele pode cortar todos esses nervos porque aquele cidadão cortou autocraticamente *um* nervo? O Estado, portanto, verá também alguém que violou a lei da madeira como uma pessoa, como um membro vivo, no qual circula o seu sangue, um soldado que defende a pátria, uma testemunha cuja voz deve ter validade diante do tribunal, um membro da comunidade que deve poder exercer funções públicas, um chefe de família cuja existência é santificada, acima de tudo um cidadão do Estado, e o Estado não excluirá levianamente um dos seus membros de todas essas determinações, pois o Estado amputa a si mesmo toda vez que transforma um cidadão em criminoso. Mas, sobretudo, o legislador *ético* considerará uma operação das mais sérias, dolorosas e perigosas subsumir sob a esfera dos atos criminosos uma ação até ali considerada irrepreensível.

Porém, o interesse é prático e nada é mais prático no mundo do que derrubar meu inimigo! Shylock já ensina: "Quem odeia algo e não gostaria de acabar com ele?"*. O verdadeiro legislador não pode temer nada além da injustiça, mas o interesse legislador só conhece o temor diante das consequências do direito, o temor diante dos vilões contra os quais há leis. A crueldade é o caráter das leis ditadas pela covardia, pois a covardia só consegue ser enérgica sendo cruel. O interesse privado, no entanto, sempre é covarde, porque seu coração, sua alma, é um objeto exterior que sempre pode ser tirado dele e danificado, e quem não treme diante do perigo de perder o coração e a alma? Como poderia agir com humanidade o legislador movido por seu próprio interesse, dado que o inumano, um ser material estranho, é seu ser supremo? *"Quand il a peur, il est terrible"*[4], diz o *National* a

---

* William Shakespeare, *O mercador de Veneza* (trad. Beatriz Viégas-Faria, Porto Alegre, L&PM, 2007), ato IV, cena I. (N. E.)

4 "Quando tem medo, ele é terrível."

Os despossuídos

respeito de Guizot. Esse lema pode descrever todas as *legislações do autointeresse* e, portanto, da *covardia*.

Quando os samoiedos matam um animal, antes de lhe tirar o couro eles lhe asseveram com toda seriedade que os russos são os únicos causadores desse mal, que uma faca russa o está esquartejando e que, portanto, a vingança deve recair inteira sobre os russos*. Pode--se transformar a lei em uma *faca russa*, mesmo que não se tenha a pretensão de ser um samoiedo. Vejamos como!

No §4, a Comissão propôs: "No caso de uma distância maior do que duas milhas, o funcionário encarregado da segurança que foi autor da denúncia determinará o valor segundo os preços locais vigentes".

Contra isso protestou um deputado das cidades**:

Permitir que a taxa da madeira subtraída seja fixada pelo guarda--florestal que apresenta a denúncia seria muito questionável. É certo que esse funcionário denunciante tem *fides* [fé pública], mas só em relação ao fato, de modo nenhum em relação ao valor. Este deveria ser fixado conforme taxa proposta pelas autoridades locais e estabelecida pela administração distrital. Ora, de fato se propõe que não seja aceito o §14, segundo o qual o proprietário florestal receberá o valor da pena. [...] Se o §14 for mantido, a presente determinação será duplamente perigosa. Pois o guarda-florestal a serviço do proprietário florestal e pago por ele certamente deverá estipular o valor mais alto possível para a madeira subtraída, o que condiz com a natureza das relações.

A Dieta Renana aprovou a proposta da Comissão.

Encontramos aqui a constituição da jurisdição patrimonial***. O funcionário encarregado da segurança patrimonial é, ao mesmo tempo,

---

* Passagem extraída de Charles de Brosses, *Ueber den Dienst der Fetischengötter oder Vergleichung der alten Religion Egyptens mit der heutigen Religion Nigritiens* (trad. do francês C. B. H. Pistorius, Berlim/Stralsund, Lange, 1785), p. 42-3. (N. E.)

** Joseph Friedrich Brust. (N. E.)

*** A jurisdição patrimonial era o direito feudal dos proprietários de terras de exercer o juízo em seu território, o que incluía propriedades, heranças e bens, e tinha como base legal o Direito Territorial Geral dos Estados Prussianos. (N. E.)

Karl Marx

formulador parcial da sentença. A determinação do valor constitui uma parte da sentença. Portanto, a sentença já está parcialmente antecipada no formulário de denúncia. O funcionário denunciante tem assento no colegiado dos juízes; ele é o perito, cujo veredicto obriga o tribunal; ele exerce uma função que exclui os demais juízes. É insensatez opor-se ao procedimento inquisitorial quando há gendarmes patrimoniais e denunciantes julgando concomitantemente.

À parte essa violação fundamental de nossas instituições, o funcionário denunciante não tem nenhuma capacidade objetiva de ser ao mesmo tempo taxador da madeira subtraída; isso se conclui de forma evidente quando analisamos suas qualidades.

Como funcionário encarregado da segurança, ele é o gênio protetor personificado da madeira. A proteção, e mais ainda a proteção pessoal e física, exige uma relação de amor ativa e efetiva entre o guarda-florestal e seu protegido, uma relação em que ele, por assim dizer, concresce com a madeira. Esta deve ser tudo para ele, deve ter para ele valor absoluto. O taxador, em contraposição, comporta-se com desconfiança cética em relação à madeira subtraída, avaliando-a com um olhar prosaico e aguçado com base em um critério profano, dizendo até a casa do centavo o quanto ela de fato vale. Um protetor e um avaliador são tão díspares quanto um mineralogista e um vendedor de minerais. O funcionário encarregado da segurança não é capaz de avaliar o valor da madeira subtraída, pois, em todo formulário em que taxa o valor do que foi roubado, ele taxa *seu próprio valor*, por se tratar do valor de sua própria atividade, e os senhores acreditam que ele não vai proteger o *valor* do seu objeto tanto quanto protege sua *substância*?

As atividades de que se incumbe uma pessoa que tem a brutalidade como dever de ofício não se contradizem só em relação ao objeto da proteção, mas também em relação às *pessoas*.

Como funcionário encarregado da segurança da madeira, o guarda-florestal deve proteger o interesse do proprietário privado, mas como taxador ele deve, na mesma medida, proteger o interesse de quem violou a lei da madeira contra as exigências extravagantes

Os despossuídos

do proprietário privado. Enquanto ele talvez opere com os punhos no interesse da mata, pretende-se que ele logo em seguida opere com o cérebro no interesse do inimigo da mata. Sendo ele o interesse corporificado do proprietário florestal, pretende-se que ele seja ainda uma garantia contra o interesse do proprietário florestal.

Além disso, o funcionário encarregado da segurança é o denunciante. O formulário é uma denúncia. O valor do objeto torna-se, portanto, objeto da denúncia; ele perde sua idoneidade judicial e a função do juiz é degradada ao seu nível mais baixo quando por um instante ela não se diferencia mais da função do denunciante.

Por fim, esse funcionário encarregado da segurança que apresenta a denúncia, que não serve como perito nem na qualidade de denunciante nem na de guarda, é pago pelo proprietário florestal e presta serviço para ele. Com base nas mesmas razões, poder-se-ia deixar que o próprio proprietário florestal se encarregasse da taxação mediante juramento, visto que ele de fato apenas assumiu a forma de uma terceira pessoa corporificada no seu funcionário protetor.

Porém, em vez de achar questionável a posição do funcionário encarregado da segurança que apresenta a denúncia, a Dieta Renana, pelo contrário, acha questionável uma só determinação, que ainda constitui a última aparência de Estado no âmbito do império florestal, ou seja, a *contratação vitalícia* do funcionário encarregado da segurança que apresenta a denúncia. Contra essa determinação levanta-se o mais veemente protesto, e só com dificuldade a tormenta pôde ser amainada com a seguinte declaração do relator: "de que assembleias provinciais anteriores já teriam se pronunciado favoráveis a renunciar à contratação vitalícia e que só o governo do Estado teria se declarado contrário e considerado a contratação vitalícia como uma proteção para os súditos".

Portanto, não foi a primeira vez que a Dieta Renana barganhou com o governo pela renúncia à proteção dos seus súditos, e ela continua a fazê-lo. Examinemos as razões tão magnânimas quanto irrefutáveis que são alegadas *contra* a contratação vitalícia.

Karl Marx

Um deputado das comunidades rurais* acha que "a condição de credibilidade advinda da contratação vitalícia põe em perigo os pequenos proprietários florestais", e outro** insiste que "a proteção deveria ser igualmente efetiva para pequenos e grandes proprietários florestais".
Um membro da nobreza*** comenta:

> As contratações vitalícias por proprietários privados não seriam recomendáveis e, na França, nem seriam exigidas para dar credibilidade aos formulários dos funcionários encarregados da segurança, mas alguma coisa necessariamente deveria acontecer para coibir a generalização dos delitos.

Um deputado das cidades**** diz:

> A todas as denúncias que partem de funcionários florestais devidamente contratados e juramentados deve-se atribuir fé pública. A contratação vitalícia seria praticamente impossível para muitas comunidades, em especial para os proprietários de pequenas parcelas. A disposição de que apenas os funcionários florestais com contrato vitalício terão *fides* privaria esses proprietários florestais de toda a proteção florestal. Em grande parte da província, as comunidades e os proprietários privados teriam repassado e teriam sido forçados a repassar aos guardas das lavouras também a guarda de suas florestas, porque sua propriedade florestal não seria grande o suficiente para contratar guardas-florestais próprios para isso. Ora, seria esquisito se esses guardas das lavouras que também foram juramentados para guardar as florestas não tivessem plena fé pública quando constatassem alguma subtração de madeira, ao passo que gozariam de *fides* quando fizessem denúncias de delitos referentes à exploração de madeira.[5]

---

* Franz Aldenhoven. (N. E.)

** Gisbert Lessing. (N. E.)

*** Josef, príncipe de Salm-Reifferscheid-Dyck. (N. E.)

****Joseph Friedrich Brust. (N. E.)

[5] *Holzfrevel*, no original, mas para que a frase tenha sentido deveria ser *Feldfrevel*, delitos referentes à exploração do campo. (N. T.)

Gazeta Renana, Colônia, n. 303, 30 out. 1842. Suplemento.

Falaram, portanto, a *cidade*, o *campo* e a *nobreza*. Em vez de conciliar a diferença entre os direitos de quem viola a lei da madeira e as pretensões do proprietário florestal, acredita-se que ela ainda não é suficientemente grande. Não se busca a proteção do proprietário florestal e de quem viola a lei da madeira; o que se busca é um critério único para a proteção do grande e do pequeno proprietário florestal. Aqui a lei deve consistir na mais minuciosa igualdade, ao passo que lá a desigualdade é axioma. Por que o pequeno proprietário florestal exige a mesma proteção que o grande? Porque ambos são proprietários florestais. Não são ambos, o proprietário florestal e quem viola a lei da madeira, cidadãos do Estado? Se um pequeno e um grande proprietário florestal têm o mesmo direito à proteção do Estado, não o teriam muito mais um pequeno e um grande cidadão do Estado?

Quando o membro do estamento da nobreza faz referência à França – o interesse não tem antipatias políticas –, ele só esquece de acrescentar que na França o funcionário encarregado da segurança denuncia o fato, mas não o valor. Igualmente, o honrado porta-voz das cidades esquece que, nesse caso, o guarda das lavouras é inadmissível, porque não se trata só da constatação de alguma subtração de madeira, mas também da taxação do valor da madeira.

A que se reduz o núcleo de todo o arrazoado que acabamos de ouvir? O pequeno proprietário florestal não teria *recursos* para contratar um funcionário vitalício para cuidar da segurança. O que resulta desse arrazoado? Que o pequeno proprietário florestal não está qualificado para isso. O que conclui o pequeno proprietário florestal? Que ele está qualificado para contratar um funcionário taxador encarregado da segurança e sujeito à demissão. Para ele, sua falta de recursos faz dele o titular de um privilégio.

O pequeno proprietário florestal tampouco tem recursos para manter um *colegiado de juízes* independente. Logo, que Estado e réu desistam de um colegiado de juízes independente e deixem que o empregado doméstico do pequeno proprietário florestal ocupe o

Karl Marx

assento do juiz ou, se ele não tiver um empregado doméstico, deixem que sua empregada o faça ou, se ele não tiver empregada, deixem que ele próprio o faça. O réu não tem o mesmo direito ao poder judiciário, como órgão de Estado, quanto tem ao poder executivo? Então por que não instalar também a corte de justiça de acordo com os recursos do pequeno proprietário florestal?

A relação entre Estado e réu pode ser alterada pela parca economia do homem privado, do proprietário florestal? O Estado tem direito contra o réu porque se confronta com esse indivíduo na condição de Estado. A consequência imediata disso é o dever de comportar-se como Estado e à maneira de Estado para com o criminoso. O Estado não só tem os recursos para agir de maneira adequada tanto à sua razão, universalidade e dignidade quanto ao direito, à vida e à propriedade do cidadão incriminado, mas tem também o dever incondicional de ter esses recursos e aplicá-los. Ninguém exigirá isso do proprietário florestal, cuja floresta não é o Estado e cuja alma não é a alma do Estado. O que se conclui? Que, em razão de a propriedade privada não ter os recursos para erguer-se ao ponto de vista do Estado, o Estado tem a obrigação de rebaixar-se aos meios irracionais e contrários ao direito da propriedade privada.

Essa pretensão do interesse privado, cuja alma mesquinha jamais foi iluminada ou tocada pela ideia de um Estado, constitui para este uma lição séria e profunda. Se o Estado se degradar desse modo em apenas um ponto e, em vez de atuar à sua maneira, atuar à maneira da propriedade privada, a consequência imediata disso é que ele terá de acomodar-se, na forma dos seus recursos, às limitações da propriedade privada. O interesse privado é esperto o suficiente para extrapolar essa consequência no sentido de fazer com que sua forma mais limitada e pobre se torne o limite e a regra da ação do Estado, do que inversamente decorre, à parte a degradação completa do Estado, que os meios contrários à razão e ao direito são postos em movimento contra o réu, pois o escrúpulo máximo para com o interesse da limitada propriedade privada descamba para a inescrupulosidade desmedida para com o interesse do réu. Se, porém,

Os despossuídos

se evidenciar aqui que o interesse privado quer e tem de rebaixar o Estado aos recursos do interesse privado, como não inferir disso que uma *representação dos interesses privados*, dos estamentos, quer e tem de rebaixar o Estado às ideias do interesse privado? Todo Estado moderno, por menos que corresponda ao seu conceito, será obrigado, diante da primeira tentativa prática de tal poder legislativo, a exclamar: seus caminhos não são os meus caminhos e seus pensamentos não são os meus pensamentos![6]

Não há maneira mais explícita de provar a total insustentabilidade desse arrendamento à guisa de aluguel do funcionário encarregado da segurança que apresenta a denúncia do que recorrendo a uma razão *contrária* à contratação vitalícia que se deixa escapar – nem poderíamos dizer que escapa porque ela foi lida em voz alta. Pois um membro do estamento das cidades* leu em voz alta a seguinte observação:

> Os guardas-florestais contratados vitaliciamente pelas comunidades não estão nem podem estar sujeitos ao mesmo controle rigoroso dos funcionários imperiais. Qualquer *esporada* que incite ao cumprimento fiel do dever é *paralisada* pela contratação vitalícia. Se o guarda-florestal cumprir, que seja, apenas a metade de seu dever, e se tomar as precauções necessárias para que não lhe possam ser imputadas infrações efetivas, ele sempre terá a intercessão necessária para inviabilizar a petição por sua demissão segundo o §56. Nessas circunstâncias, os envolvidos nem mesmo ousarão entrar com a petição.

Lembremos como foi decretado que o funcionário encarregado da segurança que apresenta a denúncia tem plena fé pública quando se tratou de deixar a taxação por conta dele. Lembremos que o §4 equivaleu a um *voto de confiança* para o funcionário encarregado da segurança.

Pela primeira vez ouvimos que o funcionário encarregado da segurança que apresenta a denúncia necessita de controle, e de um controle rigoroso. Pela primeira vez, ele não só aparece como ser

---

[6]   Cf. Isaías 55.8. (N. T.)

*   Johannes Schuchard. (N. E.)

Karl Marx

humano, mas também como cavalo, na medida em que esporas e pão constituem os únicos estímulos à sua consciência, e seus músculos do dever não só são tensionados, mas também completamente paralisados por uma contratação vitalícia. Vê-se que o interesse próprio possui dois pesos e duas medidas com os quais pesa e mede as pessoas, duas visões de mundo, dois óculos, um que pinta tudo de preto e outro que deixa tudo colorido. Quando se trata de pôr suas ferramentas a serviço de outras pessoas e dourar meios duvidosos, o interesse próprio põe os óculos coloridos, com os quais enxerga suas ferramentas e seus meios envoltos em um brilho mágico, iludindo a si mesmo e a outros com os devaneios aprazíveis e nada práticos de uma alma delicada e confiante. Cada vinco de sua face revela uma bonomia sorridente. Ele aperta a mão do seu oponente a ponto de machucá-la, mas o faz cheio de confiança. No entanto, de repente é preciso checar a sua própria vantagem, é preciso olhar atrás dos bastidores, onde desaparecem as ilusões do palco, verificar ponderadamente a serventia das ferramentas e dos meios. Conhecedor rigoroso da natureza humana, ele põe agora cautelosa e desconfiadamente os óculos pretos e experimentados, os óculos da práxis. A exemplo de um negociante de cavalos traquejado, ele submete as pessoas a uma longa inspeção ocular à qual nada escapa, e elas lhe parecem tão ínfimas, tão miseráveis e tão imundas quanto o seu interesse próprio.

Não queremos arrazoar com a visão de mundo do interesse próprio, mas sim obrigá-la a ser coerente. Não queremos que ela reserve para si a sabedoria das coisas do mundo e deixe para os demais as fantasias. Façamos com que o espírito sofista do interesse privado se detenha por um instante em suas próprias consequências.

Se o funcionário encarregado da segurança que apresenta a denúncia é o ser humano descrito pelos senhores, um ser humano para o qual a contratação vitalícia, longe de proporcionar um senso de independência, segurança e dignidade no cumprimento do dever, rouba-lhe, ao contrário, todo estímulo para cumpri-lo, o que devemos esperar, então, desse ser humano em termos de imparcialidade para com o réu assim que ele se tornar servo incondicional da arbitrarie-

Os despossuídos

dade dos senhores? Se tão somente as esporas são capazes de impelir esse ser humano ao dever, e se os senhores são os portadores das esporas, o que devemos profetizar para o réu que não é um portador de esporas? Se os senhores mesmos não são capazes de exercer um controle suficientemente rigoroso sobre esse homem, como poderia então o Estado ou a parte acusada controlá-lo? Não valeria, muito antes, para o caso de uma contratação passível de demissão, aquilo que os senhores afirmam a respeito de uma contratação vitalícia: "Se o guarda-florestal cumprir, que seja, apenas a metade de seu dever [...] ele sempre terá a intercessão necessária para inviabilizar a petição por sua demissão segundo o §56"? Os senhores mesmos não serão todos intercessores dele enquanto ele cumprir uma das metades do seu dever, a saber, preservar os interesses dos senhores?

A transformação da confiança efusiva e ingênua no guarda--florestal em desconfiança vociferante e crítica revela-nos o xis da questão. Não foi ao guarda-florestal, mas aos *senhores mesmos* que se concedeu uma confiança gigantesca, na qual o Estado e quem viola a lei da madeira devem acreditar como se fosse um dogma.

Não o cargo oficial, não o juramento, não a consciência do guarda-florestal devem ser as garantias do réu contra os senhores, mas o senso de justiça, o espírito humanitário e desinteressado e a moderação dos senhores que devem ser as garantias do réu contra o guarda-florestal. O controle dos senhores é a última e única garantia dele. Do interior de uma noção nebulosa de excelência pessoal, em estado de autoencantamento poético, os senhores oferecem ao envolvido suas próprias individualidades como proteção contra suas leis. Confesso não compartilhar dessa concepção romanceada de proprietário florestal. Não acredito nem um pouco que pessoas possam ser garantias contra leis; acredito, muito antes, que leis devam ser garantias contra pessoas. E poderia a mais ousada fantasia imaginar que homens que, na sublime atividade da legislação, em momento nenhum são capazes de elevar-se do ambiente abafado e reles da prática do interesse próprio às alturas teóricas dos pontos de vista universais e objetivos, homens que

Karl Marx

tremem só de pensar em desvantagens futuras e lançam mão da cadeira e da mesa para preservar seus interesses, poderia imaginar que esses mesmos homens se portariam como filósofos diante do perigo real? No entanto, ninguém, nem mesmo o mais primoroso legislador, pode colocar sua pessoa acima da sua lei. Ninguém está autorizado a decretar em si mesmo votos de confiança que tenham consequências para terceiros.

E quanto a se os senhores podem sequer pedir que lhes concedamos uma confiança especial, que os seguintes fatos falem por si.

Um deputado das cidades* declara ser "forçado a se opor ao §87, pois suas determinações ensejariam investigações amplas e que não levariam a nada, o que perturbaria a liberdade pessoal e a de ir e vir. Não se deveria considerar de antemão toda e qualquer pessoa como criminosa e logo presumir um malfeito sem se ter antes uma prova de que ele de fato tenha sido cometido".

Outro deputado das cidades** diz que o parágrafo deve ser suprimido. Ele menciona seu caráter vexatório, "visto que cada um deverá provar de onde vem sua madeira"; logo, o fato de todos aparecerem como suspeitos de furto e ocultação, interferiria de modo rude e lesivo na vida do cidadão. O parágrafo foi aceito.

De fato, os senhores esperam demais da inconsequência humana, querendo que ela proclame como máxima a desconfiança para seu próprio prejuízo e a confiança para o proveito dos senhores, querendo que a confiança e a desconfiança humanas olhem da perspectiva e sintam com o coração do interesse privado dos senhores.

Mais uma razão é apresentada contra a contratação vitalícia, uma razão que ainda não chegou a um acordo consigo mesma no tocante a se o que a distingue mais é seu caráter desprezível ou seu caráter risível. "Nem deve *o livre-arbítrio dos [agentes] privados* ser cerceado tanto dessa maneira, razão pela qual deveriam ser permitidas *somente* contratações passíveis de demissão."

---

* Joseph Friedrich Brust. (N. E.)

** Heinrich von Baur. (N. E.)

Os despossuídos

Com certeza é uma notícia tão agradável quanto inesperada que o ser humano possui um livre-arbítrio que não pode ser cerceado de qualquer maneira. Os oráculos que ouvimos até agora se assemelham ao oráculo primitivo de Dodona. Foi a madeira que os revelou*. O livre-arbítrio não tinha nenhuma qualidade estamental. Como devemos entender essa súbita atuação rebelde da ideologia, pois no que se refere a ideias só temos sucessores de Napoleão diante de nós**?

O arbítrio do proprietário florestal exige a liberdade de lidar com quem viola a lei da madeira com toda comodidade e da maneira que mais lhe apraz e menos lhe custa. Esse arbítrio quer que o Estado deixe o vilão à sua discrição. Ele pede *plein pouvoir* [pleno poder]. Ele não combate o cerceamento do livre-arbítrio; o que ele combate é o *modo* desse cerceamento, que cerceia de tal modo que atinge não só quem viola a lei da madeira, mas também o dono da madeira. Acaso esse livre-arbítrio não requer muitas liberdades? Acaso não se trata de um arbítrio muito livre, primorosamente livre? E não é inaudito que, em pleno século XIX, se ouse cercear "tanto dessa maneira" o livre-arbítrio daqueles [agentes] privados que fazem leis públicas? É inaudito.

Esse reformador persistente, o livre-arbítrio, também precisa integrar o séquito das boas razões, que é encabeçado pela sofística do interesse. Só que esse livre-arbítrio precisa ter um modo de vida, ele precisa ser um livre-arbítrio cuidadoso e leal, um livre-arbítrio que sabe se instalar de tal maneira que sua esfera coincida com a esfera da arbitrariedade daqueles indivíduos privilegiados. O livre-arbítrio é citado uma única vez, e nessa única vez ele aparece na forma de um [agente] privado parrudo que arremessa blocos de madeira contra

---

* Referência ao santuário de Zeus no Épiro, o mais antigo oráculo da Grécia e o segundo mais importante depois de Delfos. As respostas do oráculo eram proferidas após o farfalhar do carvalho sagrado, por isso a alusão à madeira. (N. E.)

** Marx refere-se a Destutt de Tracy, fundador de uma corrente da filosofia burguesa francesa do início do século XIX que combateu o materialismo do século XVIII e cujos representantes declararam os estados psíquicos, as manifestações da consciência, as sensações, os atos da vontade e as ideias como objetos de investigação filosófica. (N. E.)

Karl Marx

o espírito da vontade racional. Mas o que esse espírito foi fazer lá, nesse lugar onde o arbítrio foi acorrentado, qual escravo nas galés, ao assento de remador dos interesses mais mesquinhos e tacanhos?

O ponto alto de todo esse arrazoado se resume à seguinte observação que vira a relação em pauta de cabeça para baixo: "Os funcionários florestais e de caça imperiais podem até ser contratados por toda a vida, mas entre as comunidades e os [agentes] privados isso é sumamente questionado". Como se o único questionamento não consistisse em que aqui agem serviçais privados em lugar dos servidores do Estado! Como se a contratação vitalícia não fosse direcionada justamente contra os [agentes] privados *questionáveis*! *Rien n'est plus terrible que la logique dans l'absurdité*, isto é, não há nada tão terrível quanto a lógica do interesse próprio[7].

Essa lógica, que transforma o empregado do proprietário florestal em autoridade do Estado, *transforma a autoridade do Estado em empregada do proprietário florestal*. A estruturação do Estado, a determinação de cada uma das autoridades administrativas, tudo precisa se desconjuntar para que seja rebaixado à condição de meio do proprietário florestal e para que o interesse deste apareça como a alma determinante de todo o mecanismo. Todos os órgãos do Estado se convertem em orelhas, olhos, braços e pernas que o interesse do proprietário florestal usa para escutar, espiar, estimar, proteger, agarrar e correr.

A respeito do §62, a Comissão propõe como frase final a exigência de um certificado da impossibilidade de executar a cobrança expedido, na residência do autor do delito, pelo emissário do fisco, pelo prefeito e por dois líderes comunitários. Um deputado das comunidades rurais* acha que a utilização do *emissário do fisco* está em contradição com a legislação vigente. É claro que essa objeção não foi levada em conta.

Em relação ao §20, a Comissão havia proposto o seguinte:

---

[7] Citação de Benjamin Constant, *De la religion, considérée dans sa source, ses formes et ses développements* (Bruxelas, P. J. de Mat, 1824), tomo 1, p. 102. Marx modifica a palavra final da frase, que diz literalmente: "Nada é mais terrível do que a lógica *no absurdo*". (N. T.)

* Theodor Mengelbier. (N. E.)

Os despossuídos

Na província do Reno, o proprietário florestal habilitado deveria ter autorização para enviar à autoridade local os condenados, visando à prestação do trabalho devido, de tal maneira que os dias trabalhados por eles seriam computados como os (ou então descontados dos) serviços manuais nas estradas da comuna que o proprietário florestal está obrigado a prestar para a comunidade.

Contra isso se objetou "que os prefeitos não poderiam ser usados como executores a mando de membros individuais da comunidade e que os trabalhos dos condenados não poderiam ser aceitos como compensação para serviços a serem realizados por diaristas pagos ou funcionários". O relator observa o seguinte:

Mesmo que seja um ônus para os senhores prefeitos forçar condenados florestais indispostos e irritados a trabalhar, consta entre as funções desses funcionários públicos reconduzir ao dever pessoas desobedientes e maldosas sob sua administração; e não seria uma *boa ação* reconduzir o condenado do seu descaminho para o caminho certo? E quem no campo teria mais recursos disponíveis para isso do que os senhores *prefeitos*?

E Reineke fingiu estar triste e angustiado,
a ponto de comover os de bom coração,
Lâmpada, a lebre, ficou bem preocupada.[8]

A Dieta Renana aceitou a proposta.

Gazeta Renana, Colônia, n. 305, 1º nov. 1842. Suplemento.

Espera-se do bom senhor prefeito que ele assuma o ônus e realize uma boa ação, de modo que o senhor proprietário florestal possa cumprir

---

[8] Citação de Johann Wolfgang von Goethe, *Reineke Fuchs* (Berlim, Johann Friedrich Unger, 1794), canto 6, p. 207-8. A citação de Marx altera a primeira linha do poema original: "Und es hatte *der Schelm* sich ängstlich und traurig gebärdet" [E *o traquinas* fingiu estar triste e angustiado]. (N. T.)

Karl Marx

seu dever para com a comunidade sem custo nenhum. Baseado nas mesmas razões, o proprietário florestal poderia requisitar os serviços do prefeito como chefe de cozinha ou como chefe dos garçons. Não é uma boa ação quando o prefeito faz a manutenção da cozinha e da adega das pessoas sob sua administração? O criminoso condenado não está sob a administração do prefeito; ele está sob a administração do carcereiro. O prefeito porventura não perde exatamente os meios e a dignidade do seu cargo quando é transformado de dirigente da comunidade em executor a serviço de membros isolados da comunidade, quando é transformado de prefeito em feitor? Por acaso os demais membros livres da comunidade não são ofendidos quando seu trabalho honesto a serviço da generalidade é degradado à condição de trabalho penal a serviço de indivíduos isolados?

No entanto, de nada adianta pôr a descoberto essa sofistaria. O senhor relator queira ter a bondade de nos dizer pessoalmente como as pessoas experientes nas coisas do mundo julgam fraseologias bem humanas. Ele faz o *dono da floresta* arrazoar da seguinte maneira com o *dono da gleba*, que tem tendências humanizadoras:

> Quando corta a espiga de cereal de um proprietário rural, o ladrão diz: "Não tenho pão, por isso estou pegando algumas espigas da grande quantidade que o senhor possui", a exemplo do que diz o ladrão de madeira: "Não tenho madeira para queimar, por isso estou roubando madeira". O proprietário rural conta com a proteção do artigo 444 do Código Criminal*, que impõe uma pena de dois a cinco anos de prisão pelo corte das espigas; uma proteção dessa magnitude o proprietário florestal não tem.

Nessa última exclamação do proprietário florestal, acompanhada de uma olhadela invejosa, está contida toda uma confissão de fé. Proprietário rural, por que assumes esse ar de generosidade quando se trata do *meu* interesse? Porque o *teu* interesse já está assegurado. Portanto, não nos iludamos! Ou a generosidade não custa nada ou

---

* *Code d'instruction criminelle*, de 27 de novembro de 1808. (N. E.)

ela traz algum benefício. Portanto, proprietário rural, não conseguirás cegar o proprietário florestal! Portanto, proprietário rural, não procures cegar o prefeito!

Esse *intermezzo* provaria que "boas ações" fazem bem pouco sentido em nosso debate, se todo o debate não provasse que razões éticas e humanas só encontram guarida nele como fraseologias. Mas o interesse é sovina até com fraseologias. Ele só as inventa quando a necessidade obriga, quando os resultados delas são substanciais. Nesse caso, ele se torna loquaz, o sangue começa a circular mais rápido, e até lhe ocorrem boas ações que trazem benefício a ele e custo aos outros, não se importando em recorrer a palavras lisonjeiras, a amabilidades insinuantes, e tudo isso só é explorado com o propósito de cunhar o delito referente à exploração de madeira como moeda corrente do proprietário florestal, fazendo de quem viola a lei da madeira um infrator lucrativo, no qual ele pode aplicar mais comodamente seu capital, pois o infrator se converteu em capital desse proprietário. Não se trata de abusar do prefeito visando favorecer quem viola a lei da madeira, mas sim de abusar dele para favorecer o proprietário florestal. Que destino curioso, que fato surpreendente, quando os raros momentos em que meramente se faz menção a um bem problemático para o infrator servem para assegurar um bem apodítico para o senhor proprietário florestal!

Outro exemplo desse ponto de incidência tão humano!

Relator: "A lei francesa não conhece a transformação da pena de prisão em trabalho florestal. Considero-a, porém, uma medida sábia e benéfica, pois a estadia na prisão nem sempre resulta em melhora e com muita frequência resulta em piora".

Anteriormente, quando se converteram inocentes em criminosos, quando um deputado disse, referindo-se a coletores de madeira seca caída no chão, que nas prisões eles entram em contato com ladrões contumazes, aí as prisões eram *boas*. De repente as instituições destinadas à correção se metamorfosearem em instituições que agravam a situação, pois nesse momento se presta melhor ao interesse do proprietário florestal a ideia de que as prisões pioram as coisas. Por

Karl Marx

melhoria do criminoso se entende a *melhoria das porcentagens* que os criminosos são magnanimamente convocados a render para o proprietário florestal.

O interesse não tem memória, pois pensa só em si. Ele não esquece aquela *uma* coisa que realmente importa: ele próprio. Ele não dá importância a contradições, pois jamais entra em contradição consigo mesmo. Ele é um constante improvisador, pois não tem sistema, mas tem seus *artifícios*.

Enquanto as razões humanas e jurídicas não passam de *"Ce qu'au bal nous autres sots humains/ Nous appelons faire tapisserie"*[9], os artifícios são os agentes mais ativos do mecanismo argumentativo do interesse. Observamos que, entre esses recursos, figuram dois que constantemente retornam nesse debate e que constituem as categorias principais, a saber, os *"bons motivos"* e as *"consequências desvantajosas"*. Ora vemos o relator da Comissão, ora outro membro da Dieta Renana proteger toda determinação ambígua contra as flechas da objeção com o escudo dos motivos bons, sábios e ponderados. Vemos toda coerência dos pontos de vista jurídicos sendo rejeitada mediante alusão a consequências desvantajosas ou questionáveis. Examinemos por um instante esses artifícios espaçosos, esses recursos *par excellence*, esses expedientes que servem para tudo e mais um pouco.

O interesse sabe bem como manchar o direito aludindo à perspectiva de consequências desvantajosas, aos seus efeitos sobre o mundo exterior; ele sabe bem como alvejar a injustiça, lavando-a com bons motivos, ou seja, em função do retorno à interioridade do seu mundo ideal. O direito traz consequências ruins no mundo exterior entre as pessoas perversas, a injustiça tem bons motivos dentro do peito do homem comportado que a decreta; ambos, porém, os bons motivos e as consequências desvantajosas, compartilham da peculiaridade de não tratarem a coisa na relação consigo mesma, de não tratarem o direito como um objeto autônomo, mas, partindo do direito, apon-

---

[9] "Algo que em um baile nós humanos simplórios/ denominamos fazer parte da decoração." Citação de Évariste de Parny, *La guerre des dieux: poème en dix chants* (Paris, Debray, 1808), p. 28. (N. T.)

Os despossuídos

tam ou para o mundo lá fora ou para a própria cabeça e, portanto, manobram *pelas costas do direito*.

O que são consequências desvantajosas? Toda a nossa exposição já prova que, nesse caso, não se deve pensar em consequências desvantajosas para o Estado, para a lei, para o réu. Ademais, em poucos traços, apresentaremos a evidência de que as consequências desvantajosas tampouco são compreendidas como consequências desvantajosas para a *segurança do cidadão*.

Já ouvimos da boca dos próprios membros da Dieta Renana como a determinação de "que cada um deverá provar de onde vem sua madeira" interferiria de modo rude e lesivo na vida do cidadão e exporia todo cidadão a chicanas vexatórias. Outra determinação declara como ladrão todo aquele sob cuja *guarda* se encontra madeira roubada, embora um deputado* argumente que "isso pode se tornar perigoso para muitos homens direitos. Em sua vizinhança, madeira roubada foi atirada no pátio de alguém e o inocente foi punido". O §66 condena todo cidadão que comprar uma vassoura que não seja de monopólio a uma pena de quatro semanas a dois anos de reclusão, ao que um deputado das cidades** faz uma nota explicativa à margem: "Este parágrafo ameaça com a pena de reclusão todos os moradores dos distritos de Elberfeld, Lennep e Solingen". Por fim, a supervisão e o manejo da polícia florestal e de caça foram convertidos tanto em direito como em dever dos *militares*, embora o artigo 9 do Código Criminal só conheça funcionários que se encontram sob a supervisão dos procuradores do Estado e que, portanto, podem ser diretamente processados por eles, o que não é o caso dos militares. Põe-se em risco, com isso, tanto a independência das cortes quanto a liberdade e segurança dos cidadãos***.

---

* Heinrich von Baur. (N. E.)

** Heinrich von Baur. (N. E.)

*** O §2 do "Projeto de ordem policial geral para a floresta e caça nos Estados prussianos", da Sexta Dieta Renana, previa a utilização dos militares na implementação da referida ordem policial. O deputado das cidades Hermann Joseph Dietz chama a atenção para o fato de que essa previsão entra em conflito com a "Ordem do processo criminal": "As instâncias discriminadas no artigo 9 do processo criminal estão todas sob

Karl Marx

Portanto, muito longe de falar de consequências desvantajosas para a segurança do cidadão, a própria segurança do cidadão é tratada como uma *circunstância de consequências desvantajosas.*

O que são, portanto, consequências desvantajosas? Desvantajoso é aquilo que traz desvantagem para o interesse do proprietário florestal. Portanto, se as consequências do direito não constituem resultados positivos para o seu interesse, elas são consequências desvantajosas. E, nesse ponto, o interesse é perspicaz. Se antes ele não via o que aparece a olho nu, agora ele vê até o que só se descobre com o microscópio. O mundo todo é como um cisco no seu olho, um mundo de perigos, justamente porque ele não é o mundo de um só interesse, mas o mundo de muitos interesses. O interesse privado se considera o fim último do mundo. Portanto, se o direito não realizar esse fim último, ele é um direito contrário ao fim. Um *direito desvantajoso* para o *interesse privado* é, portanto, um *direito de consequências desvantajosas.*

Seriam os *bons motivos* melhores do que as consequências desvantajosas?

O interesse não pensa; ele calcula. Os motivos são seus números. O motivo é uma razão que leva a abolir as razões legais, e quem duvida que o interesse privado terá muitas razões que o levarão a isso? A bondade do motivo consiste na elasticidade contingente com que consegue se eximir dos fatos objetivos e embalar a si e a outros na ilusão de que não se deveria pensar na boa causa, mas que, diante de uma causa ruim, bastaria o bom pensamento.

Retomando o fio da meada, trazemos primeiramente uma peça secundária a respeito das boas ações recomendadas ao senhor prefeito.

---

a supervisão dos procuradores públicos. Estes podem processar os funcionários que cometem abuso de poder, o que não poderá acontecer no caso dos militares". O deputado Dietz achou o parágrafo "muito problemático e incompatível com a independência dos tribunais". O deputado da nobreza, Barão de Loë, considerou "totalmente apropriado o auxílio dos militares na manutenção das leis, e não como um cerceamento da liberdade cidadã". A Assembleia sugeriu a seguinte formulação: "pessoas em cargos militares estão autorizadas e têm a obrigação de prestar suporte na execução do policiamento da floresta e da caça". (N. E.)

Os despossuídos

A Comissão propôs uma versão modificada do §34, nos seguintes termos: se o comparecimento do funcionário encarregado da segurança para fins de protocolo for causado pelo acusado, este deve depositar os custos concernentes *por inteiro* e *antecipadamente* na corte florestal.

O Estado e a corte não devem fazer nada sem pagamento no interesse do acusado. Ele deve ter pago "por inteiro e antecipadamente", o que sem dúvida dificultará "por inteiro e antecipadamente" a acareação do funcionário encarregado da segurança que apresenta a denúncia com o acusado.

Uma boa ação! Uma única boa ação! Um reino por uma boa ação! Porém, a única boa ação proposta pretendida é a do senhor prefeito em benefício do senhor proprietário florestal. O prefeito é o representante das boas ações, sua expressão personificada, e a série das boas ações foi esgotada e encerrada para sempre visto o ônus que se teve de impor ao prefeito com nostálgica abnegação.

Se a serviço do Estado e para o benefício ético do criminoso o senhor prefeito deve fazer mais do que o seu dever, não deveriam os senhores proprietários florestais, visando ao mesmo bem, exigir *menos* do que é do seu *interesse*?

Poderíamos pensar que a resposta a essa questão já está contida na parte dos debates até aqui tratada; ledo engano. Chegamos às *determinações das penas*.

"Um deputado da nobreza* considerou que o proprietário florestal ainda não estaria suficientemente indenizado, mesmo que (além da reposição do valor simples) lhe coubessem os valores das multas, que muitas vezes não são cobradas."

Um deputado das cidades** observa o seguinte:

As determinações deste parágrafo (§15) podem levar às consequências mais questionáveis possíveis. Desse modo, o proprietário florestal receberia uma indenização *tripla*, a saber, o valor, uma pena quatro, seis ou

---

*   Eduard Bergh, conde de Trips. (N. E.)

** Joseph Friedrich Brust. (N. E.)

Karl Marx

oito vezes maior e ainda uma indenização especial, cujo valor muitas vezes seria arbitrariamente apurado e seria resultado de uma ficção, mais do que da realidade. Como quer que seja, parece-me ser necessário dispor que a indenização em questão seja exigida já no tribunal florestal e concedida na sentença do tribunal florestal. É da natureza do processo que a prova do prejuízo tenha de ser fornecida separadamente e não seja baseada apenas no protocolo de denúncia.

Em contraposição, o senhor relator e outro membro[*] aclararam como se chegaria ao *mais-valor* aqui mencionado em diversos casos caracterizados por eles. O parágrafo foi aceito.

O crime se converte em uma loteria, na qual o proprietário florestal, se a sorte o favorecer, pode até extrair lucros. Dele pode resultar um mais-valor, mas o proprietário florestal, que já recebe o valor simples, pode fazer negócio com a pena de quatro, seis ou oito vezes o valor. Porém, se, além do valor simples, ele ainda receber uma indenização especial, a pena de quatro, seis ou oito vezes o valor de qualquer modo é lucro limpo. Se o membro do estamento da nobreza acredita que as multas incidentes não seriam garantias suficientes porque com frequência não são cobradas, elas não se tornam nem um pouco mais cobráveis se, além delas, ainda tiverem de ser cobrados o valor e a indenização. Aliás, ainda veremos como ele sabe neutralizar muito bem o efeito dessa não cobrabilidade.

Haveria melhor modo de o proprietário florestal assegurar sua madeira do que o que aconteceu aqui, no qual o crime foi transformado em renda? Como um general habilidoso, transforma um ataque contra si em uma oportunidade infalível de ganho, pois até mesmo o mais-valor da madeira, essa coqueluche econômica, transforma-se em substância por meio do furto. O proprietário florestal quer garantir, além da sua madeira, também o seu negócio madeireiro, ao passo que a cômoda reverência que presta ao seu gerente de negócios, o Estado, consiste em não pagá-lo. É uma ideia brilhante e exemplar

---

[*]   Carl Friedrich, barão de Loë. (N. E.)

essa de converter a pena do crime de uma vitória do direito contra os atentados ao direito em vitória do interesse pessoal contra os atentados ao interesse pessoal.

Todavia, chamamos a atenção dos nossos leitores em especial para a determinação do §14, uma determinação diante da qual temos de abandonar o costume de considerar as *leges barbarorum* como leis dos bárbaros. Pois a *pena* como tal, que é a restauração do direito, a ser muito bem diferenciada da reposição do valor e da indenização, isto é, da restauração da propriedade privada, converte-se de uma *pena pública* em uma *composição privada*, na qual as multas não são recolhidas para o caixa do Estado, mas para o caixa privado do proprietário florestal.

Um deputado das cidades* chega a opinar que "isso contraria a dignidade do Estado e os princípios da boa jurisprudência penal", mas um deputado da nobreza** "apela para o senso de direito e equidade da Assembleia na defesa do interesse do proprietário florestal", ou seja, para um senso de direito e equidade *parcial*.

Os povos bárbaros fazem com que seja paga à pessoa prejudicada por um crime bem determinado uma soma bem determinada (reparação financeira). O conceito de pena pública só surgiu em contraposição ao parecer que vislumbra no crime apenas uma violação do indivíduo, mas ainda precisam ser inventados o povo e a teoria que se dignam a reivindicar para o indivíduo a pena privada e a pena pública.

Um quiproquó completo deve ter tomado conta dos representantes provinciais. O proprietário florestal legislador confundiu por um instante as pessoas, ou seja, a si como legislador e a si como proprietário florestal. De um lado, fez com que, na condição de proprietário florestal, lhe fosse paga a madeira, e de outro fez com que, na condição de legislador, lhe pagassem a *intenção criminosa* do ladrão, sendo puro acaso que, nas duas vezes, o pagamento se destinasse ao proprietário florestal. Portanto, não estamos mais diante do simples *droit des seigneurs* [direito senhorial]. Passando pela época do direito público,

---

*   Joseph Friedrich Brust. (N. E.)
**   Carl Friedrich, barão de Loë. (N. E.)

Karl Marx

chegamos à época do direito patrimonial duplicado, potenciado. Os proprietários patrimoniais se valem do progresso da época, que é a refutação de suas exigências, para usurpar tanto a pena privada da cosmovisão bárbara quanto a pena pública da cosmovisão moderna.

Por meio da devolução do valor e até de uma indenização especial não existe mais nenhuma relação entre o ladrão de madeira e o proprietário florestal, pois a violação da lei da madeira foi completamente anulada. Ambos, ladrão e proprietário, voltaram à integridade de sua condição antiga. O proprietário florestal só é afetado pelo furto de madeira na medida em que este afeta a madeira, mas não na medida em que afeta o direito. O que o atinge é tão somente o lado palpável do criminoso; no entanto, a essência criminosa da ação não é o ataque à madeira material, mas o ataque ao veio público da madeira, ao direito à propriedade como tal, consistindo na realização da intenção contrária ao direito. O proprietário florestal acaso tem prerrogativas privadas à mentalidade legal do ladrão, e o que seria a multiplicação da pena em casos de reincidência senão uma pena pela intenção criminosa? Ou o proprietário florestal pode ter demandas privadas onde ele não tem prerrogativas privadas? O proprietário florestal era Estado antes do furto de madeira? Não, mas se torna Estado depois do furto de madeira. A madeira possui uma propriedade curiosa: assim que é roubada, ela angaria para o seu possuidor qualidades de Estado que ele antes não tinha. Fato é que o proprietário florestal só pode receber de volta o que lhe foi tomado. Se o Estado lhe foi devolvido, e ele lhe é devolvido quando recebe, além do direito privado, também o direito público sobre o infrator, é preciso que também o Estado lhe tenha sido roubado, é preciso que o Estado tenha sido sua propriedade privada. O ladrão da madeira carregou nas costas, portanto, qual um segundo cristóforo*, o próprio Estado na forma dos pedaços de madeira roubados.

A pena pública é a harmonização do crime com a razão do Estado, sendo, por conseguinte, um direito do Estado, e um direito tal que

---

* Imagem bastante usada na filosofia e na teologia para se referir àquele que carrega Cristo, literalmente e dentro de si, de onde vem o nome Cristóvão. (N. T.)

Os despossuídos

ele não pode cedê-lo a agentes privados, do mesmo modo que um indivíduo não pode ceder a outro sua consciência. Todo direito do Estado contra um criminoso é concomitantemente um direito público do criminoso. A relação entre ele e o Estado não pode ser transformada em uma relação entre ele e agentes privados mediante a intercalação de outros elos. Mesmo que se quisesse permitir ao próprio Estado a desistência de seus direitos, equivalendo ao suicídio, de qualquer modo a desistência dos seus deveres não seria mera negligência, mas crime.

O proprietário florestal não pode, portanto, receber do Estado um direito privado à pena pública, na medida em que em si e para si ele não pode possuir qualquer direito imaginável a ela. Mas se, na falta de exigências legais, eu configurar o ato criminoso de um terceiro em fonte autônoma de renda para mim, não me torno cúmplice dele? Ou serei menos cúmplice se a ele couber a pena pelo crime e a mim a fruição do crime? A culpa não é atenuada se um agente privado abusa de sua qualidade de legislador para arrogar a si próprio direitos públicos mediante o crime de terceiros. O desvio de verbas públicas do Estado é um crime contra a pátria, e alguém dirá que as multas não são verba pública do Estado?

O ladrão de madeira subtraiu madeira do proprietário florestal, mas o proprietário florestal usou o ladrão de madeira para subtrair o *próprio Estado*. A prova do quanto isso é literalmente verdadeiro está no §19, o qual não se limita a demandar uma pena em dinheiro, mas também *o corpo e a vida* do acusado. Segundo o §19, quem viola a lei florestal é entregue na mão do proprietário florestal mediante um *trabalho florestal* a ser cumprido para ele, o que, segundo um deputado das cidades*, "poderia levar a sérias inconveniências". "Ele gostaria de chamar a atenção apenas para a periculosidade desse modo de execução da pena no caso de pessoas do outro sexo."

Um deputado da nobreza** oferece a réplica, digna de memória eterna, "de que seria tão necessário quanto apropriado, na discussão

---

* Joseph Friedrich Brust. (N. E.)

** Carl Friedrich, barão de Loë. (N. E.)

Karl Marx

de uma proposta de lei, analisar e estabelecer de antemão seus princípios, mas que, depois de tê-lo feito uma vez, não se poderia retomar isso discutindo cada parágrafo individual", ao que o parágrafo foi aceito *sem contestação*.

Se os senhores forem tão habilidosos a ponto de partir de maus princípios, receberão um título legal infalível que os habilitará a consequências ruins. Os senhores podem pensar que a nulidade do princípio se revela na anomalia de suas consequências, mas, se têm sabedoria de vida, haverão de reconhecer que o esperto esgotará até a última consequência o que conseguiu impor. Apenas ficamos admirados que o proprietário florestal não possa também usar os ladrões de madeira como combustível para seus fornos. Dado que a questão não gira em torno do direito, mas dos princípios de que a Dieta Renana parte a seu bel-prazer, não haveria nenhum impedimento a que se tivesse essa consequência.

Em contradição direta com o dogma recém-estabelecido, um breve retrospecto nos mostra o quanto teria sido necessário voltar a discutir os princípios em cada novo parágrafo, o como, mediante a votação de parágrafos aparentemente desconexos e mantidos a considerável distância uns dos outros, uma determinação após a outra foi *introduzida sub-repticiamente* e, após a introdução da primeira, deixou-se de lado nas seguintes também a *aparência* da única condição que tornara a primeira aceitável.

Gazeta Renana, Colônia, n. 307, 3 nov. 1842. Suplemento.

Quando no §4 se tratou de deixar para o funcionário encarregado da segurança que apresenta a denúncia a estimativa do valor, um deputado das cidades* fez a seguinte observação: "Se a proposta de deixar o dinheiro da multa ir para o caixa do Estado não for aceita, a presente determinação será duplamente perigosa". E está claro que o

---

* Joseph Friedrich Brust. (N. E.)

Os despossuídos

funcionário florestal que estima o valor para o Estado não terá o mesmo motivo para superestimá-lo que quando o faz para o senhor que lhe proporciona seu ganha-pão. A Assembleia foi bastante expedita em não discutir esse ponto, deixando no ar a impressão de que o §14, que concede o dinheiro das multas ao proprietário florestal, pudesse ser rejeitado. O §4 foi aprovado. Após a votação de dez parágrafos, chega-se finalmente ao §14, que confere ao §4 um sentido modificado e perigoso. Essa conexão nem é tematizada, o §14 é aceito e o dinheiro das multas é adjudicado ao caixa privado do proprietário florestal. A razão principal alegada para isso, de fato a única razão, é o interesse do proprietário florestal que não estaria suficientemente coberto pela devolução do valor simples. Mas, no §15, o voto destinando o dinheiro das multas para o proprietário florestal foi novamente esquecido, e, além do valor simples, decreta-se ainda uma indenização especial porque se considera possível um mais-valor, como se o proprietário florestal já não tivesse recebido um a mais na forma do dinheiro das multas destinadas a ele. Chegou-se a observar que o dinheiro das multas nem sempre seria cobrável. *Fez-se de conta*, portanto, que a intenção era ocupar o lugar do Estado somente no que se refere ao dinheiro, mas no §19 tira-se a máscara e reivindica-se não só o dinheiro, mas o próprio criminoso, não só a bolsa do ser humano, mas o próprio ser humano.

Nesse ponto, o método da sub-repção aparece nítida e abertamente, e até com clareza autoconfiante, pois não mais se coíbe de proclamar-se como princípio.

Pelo visto, o valor simples e a indenização deram ao proprietário florestal apenas uma *exigência privada* contra quem viola a lei da madeira, para cuja realização ele pode recorrer às cortes civis. Se o infrator da lei da madeira não puder pagar, o proprietário florestal se encontra na mesma situação do homem privado que tem um devedor inadimplente e que, como se sabe, por essa via não adquire o direito a trabalhos forçados, a prestação de serviços, em suma, a *servidão temporal* do devedor. Portanto, o que dá ao proprietário florestal esse direito? O *dinheiro das multas*. Ao reivindicar o dinheiro das multas,

Karl Marx

o proprietário florestal reclamou para si, como vimos, além do seu direito privado, um *direito público* sobre o infrator da lei da madeira, assumindo o lugar do Estado. Porém, ao adjudicar a si mesmo o dinheiro das multas, o proprietário florestal ocultou espertamente que adjudicou *a si próprio* a pena. Antes ele apontara para o *dinheiro das multas* como simples dinheiro, agora aponta para ele como *pena*, agora confessa triunfante que, por meio do dinheiro das multas, converteu o direito público em sua propriedade privada. Em vez de recuar horrorizado diante dessa consequência tão criminosa quanto revoltante, reclama a consequência justamente por ser uma consequência. Quando o senso comum afirma que entregar e transferir um cidadão do Estado a outro cidadão na condição de servo temporal contraria o nosso direito, contraria todo o direito, declara-se, dando de ombros, que os princípios já teriam sido discutidos, embora não tenha havido nem princípio nem discussão. Desse modo, o proprietário florestal introduz sub-repticiamente, através do dinheiro das multas, a *pessoa do infrator da lei da madeira*. O §19 revela a ambiguidade do §14.

Assim se vê que o §4 teria sido impossibilitado pelo §14, o §14 pelo §15, o §15 pelo §19, e o §19 por si mesmo, devendo este impossibilitar além disso todo o princípio penal, pois nele aparece toda a torpeza desse princípio.

Não há modo mais hábil de manejar o *divide et impera* [divide e impera]. No parágrafo precedente não se pensa nos seguintes e no parágrafo seguinte se esquecem os precedentes. Um já foi discutido e o outro ainda não, de modo que os dois estão acima de qualquer discussão por força de razões opostas. O princípio reconhecido, porém, é "o senso de direito e equidade na defesa do interesse do proprietário florestal", que é diametralmente oposto ao senso de direito e equidade na defesa do interesse do proprietário da vida, do proprietário da liberdade, do proprietário da humanidade, do proprietário do Estado, do proprietário de nada além de si mesmo.

Mas já que chegamos a este ponto, que o proprietário florestal receba, em vez de um pedaço de madeira, um ex-ser humano.

Shylock – Ó juiz sábio! Isso, sim, que é sentença! Vamos logo; preparai-vos.
Pórcia – Um momentinho, apenas. Há mais alguma coisa. Pela letra, a sangue jus não tens; nem uma gota. São palavras expressas: "uma libra de carne". Tira, pois, o combinado: tua libra de carne. Mas se acaso derramares, no instante de a cortares, uma gota que seja, só, de sangue cristão, teus bens e tuas terras todas, pelas leis de Veneza, para o Estado passarão por direito.
Graciano – Ó juiz honesto! Toma nota, judeu: quanto ele é sábio.
Shylock – A lei diz isso?
Pórcia – Podes ver o texto.[10]

Podem ver o texto!

Em que os senhores fundam sua demanda à servidão de quem viola a lei da madeira? No dinheiro das multas. Mostramos que os senhores não têm nenhum direito ao dinheiro das multas. Vamos abstrair disso. Qual é o princípio básico dos senhores? Que o interesse do proprietário florestal esteja assegurado, mesmo que isso acabe com o mundo do direito e da liberdade. Os senhores têm a convicção inabalável de que o seu *prejuízo em madeira* tem de ser *compensado de qualquer forma* por quem viola a lei da madeira. Esse piso firme de madeira do seu arrazoado está tão carcomido que uma única lufada de ar da sã razão o espalha em mil fragmentos.

O Estado pode e tem de dizer: eu garanto o direito contra todas as contingências. Para mim, a única coisa imperecível é o direito, e é por isso que lhes provo a perecibilidade do crime, anulando-o. Porém, o Estado não pode e não deve dizer: um interesse privado, uma existência determinada da propriedade, uma clareira na floresta, uma árvore, uma lasca de madeira – e, em comparação com o Estado, a maior das árvores não passa de uma lasca de madeira – estão garantidos contra todas as contingências, são imperecíveis. O Estado não pode ir contra a natureza das coisas, ele não pode blindar o finito contra as condições do finito, não pode blindá-lo contra a contingência. Do mesmo modo que sua propriedade não pôde ser garantida pelo Estado *contra* toda

---

[10] William Shakespeare, *O mercador de Veneza*, cit., ato IV, cena I.

Karl Marx

a contingência do crime, o crime não pode converter no seu contrário essa natureza insegura de sua propriedade. No entanto, o Estado assegurará o interesse privado dos senhores na medida em que este puder ser garantido por meio de leis racionais e medidas preventivas racionais, mas o Estado não poderá conceder a suas demandas privadas em relação ao criminoso nenhum outro direito além do direito das demandas privadas, isto é, a proteção da jurisprudência civil. Se os senhores não podem obter compensação por essa via devido à escassez de recursos do criminoso, a consequência disso não é outra senão a de que *se esgotou toda via legal* para obter essa compensação. Nem por isso o mundo sairá dos eixos, nem por isso o Estado se desviará da órbita solar da justiça, e os senhores terão experimentado a perecibilidade de tudo que é terreno, uma experiência que dificilmente será para a sua sólida religiosidade uma novidade mais picante ou algo mais estranho do que tempestades, incêndios e febre. Porém, se o Estado transformasse o criminoso no servo temporal dos senhores, ele sacrificaria a imperecibilidade do direito ao seu interesse privado finito. Ele, portanto, demonstraria ao criminoso a perecibilidade do direito, cuja imperecibilidade tem de provar a ele na pena.

Quando, na época do rei Filipe, a Antuérpia poderia facilmente ter detido o avanço dos espanhóis mediante o alagamento do seu território, a guilda dos açougueiros não o permitiu porque tinha bois cevados no pasto*. Os senhores exigem que o Estado desista do seu território espiritual para que seu bloco de madeira seja vingado.

Ainda é preciso fazer referência a algumas determinações secundárias do §16. Um deputado das cidades** observa o seguinte: "Segundo a legislação vigente até agora, oito dias de prisão equivalem a uma sanção pecuniária de cinco táleres. Não haveria razão suficiente para divergir dessa norma" (a saber, estipular catorze dias em vez de oito). Em relação ao mesmo parágrafo, a Comissão havia proposto o

---

*   Referência ao incidente ocorrido em 1584, durante o sítio de Antuérpia pelas tropas do rei espanhol Filipe II. A Antuérpia foi tomada pelas tropas espanholas em 1585, depois de treze meses de sítio. (N. E.)

**   Joseph Friedrich Brust. (N. E.)

seguinte adendo: "Em nenhum caso a pena de prisão poderia durar menos de 24 horas". Quando se percebeu que esse mínimo é muito severo, um membro do estamento da nobreza* mencionou, em contraposição, "que a lei florestal francesa não conteria pena menor do que três dias [de detenção]".

O mesmo fôlego que, contrariando a determinação da lei francesa, compensa cinco táleres com catorze em vez de oito dias de prisão, resiste, por devoção à lei francesa, a converter três dias em 24 horas.

O recém-mencionado deputado das cidades observa ainda que:

> Seria no mínimo muito severo, no caso de subtrações de madeira, que de qualquer modo não podem ser vistas como crime que mereça uma punição severa, permitir a substituição de uma sanção em dinheiro de cinco táleres por catorze dias de prisão. Isso faria com que o aquinhoado, que pode comprar sua soltura com dinheiro, sofra apenas uma punição simples, ao passo que o pobre seria duplamente punido.

Um deputado da nobreza** menciona que, nos arredores de Cleve, seriam cometidos muitos delitos contra a lei da madeira tendo como único objetivo ser acolhido na penitenciária e poder usufruir da comida dos presos. Esse deputado da nobreza não prova justamente o que ele quer rebater, isto é, que o que impele as pessoas a cometer delitos contra a lei da madeira é pura legítima defesa contra a fome e o desabrigo? Essa necessidade espantosa seria uma circunstância agravante?

O recém-mencionado *deputado das cidades* diz que considera "a já censurada redução da comida como demasiado severa e, em particular no caso dos *trabalhos forçados*, como totalmente impraticável". De todos os lados se censura a redução da comida a *pão* e *água*. Um deputado das comunidades rurais*** observou que, no distrito go-

---

* Joseph Wergifosse. (N. E.)

** Barão de Rynsch. (N. E.)

*** Peter Bender. (N. E.)

Karl Marx

vernamental de Trier, a redução da comida já teria sido introduzida e se comprovara muito *efetiva*.

Por que o digno orador quer encontrar justamente no pão e na água a causa do efeito bom em Trier? Por que não, por exemplo, no *fortalecimento do senso religioso*, a respeito do qual a Dieta Renana soube dizer palavras tão numerosas e tão comoventes? Quem teria imaginado outrora que pão e água seriam os verdadeiros meios da graça? Em certos debates, fica-se com a impressão de que foi restaurado o Parlamento dos Santos inglês* – e agora? Em vez de oração, confiança e cantoria, há pão e água, prisão e trabalho florestal! Como foi generosa a lábia para se conseguir uma cadeira no céu para os renanos! Agora se vê novamente a mesma lábia generosa para chicotear toda uma classe de renanos a pão e água no trabalho florestal, uma ideia brilhante que um fazendeiro holandês dificilmente aplicaria contra seus negros. O que tudo isso prova? Que é muito fácil ser santo quando não se quer ser humano. Nessa linha deve ser entendida a seguinte passagem: "A determinação do §23 foi considerada *desumana* por um membro** da Dieta Renana; não obstante, ela foi aprovada". Além da *desumanidade*, nada mais foi relatado a respeito desse parágrafo.

Toda a nossa exposição mostrou como a Dieta Renana rebaixa o poder executivo, as autoridades administrativas, a existência do acusado, a ideia de Estado, o próprio crime e a pena *à condição de meios materiais do interesse privado*. É coerente com isso que também *a sentença judicial* seja tratada como mero meio, e *a força de lei* da sentença, como rodeio supérfluo.

---

* Alcunha jocosa dada ao pequeno parlamento vigente na Inglaterra de 4 de julho a 12 de dezembro de 1653 (*Barebone's Parliament*) sob o comando de Oliver Cromwell, do qual fizeram parte também muitos adeptos de seitas religiosas radicais. Foi dissolvido após aprovar algumas reformas (como redução de impostos, abolição do dízimo eclesiástico, eliminação da chancelaria reacionária, da *Court of Chancery* etc.) que contrariaram as intenções de Cromwell. (N. E.)

** Heinrich von Baur. (N. E.)

Os despossuídos

No §6, a Comissão deseja riscar o termo "com força de lei", dado que seu acolhimento em casos de reconhecida contumácia proporcionaria aos ladrões de madeira um meio de escapar à agravação da pena em casos de reincidência. No entanto, vários deputados[*] protestam contra isso e observam que é preciso resistir à eliminação da expressão *"sentença com força de lei"* no §6 do projeto de lei sugerido pela Comissão. Essa caracterização das sentenças, com certeza, não consta dessa passagem ou do parágrafo sem ponderação jurídica. Sem dúvida, a intenção da punição mais rigorosa da recidiva poderia ser cumprida mais facilmente e com mais frequência se toda primeira sentença judicial bastar para fundamentar a aplicação de uma pena mais severa. Mas seria preciso pensar bem antes de sacrificar dessa maneira um *princípio essencial do direito* ao interesse da exploração florestal ressaltado pelo relator. Não se pode admitir que tal efetividade seja atribuída, mediante a violação de um princípio inquestionável do processo judicial, a uma sentença que ainda não tem nenhuma constituição legal. Um deputado das cidades[**] igualmente requereu a rejeição da emenda da Comissão, pois ela violaria as determinações do direito penal, segundo as quais jamais poderia ocorrer um agravamento da pena enquanto a primeira pena não estivesse estabelecida mediante sentença com força de lei.

O relator responde: "tudo isso é *uma lei excepcional* e, portanto, uma *determinação excepcional* como a proposta também seria admissível". A proposta da Comissão de riscar a expressão "com força de lei" foi *aprovada*.

A sentença só existe para constatar a recidiva. As formas judiciais parecem à inquietação cobiçosa do interesse privado obstáculos incômodos e supérfluos de uma etiqueta judicial pedante. O processo é apenas uma escolta segura para levar o adversário até a prisão, mera preparação da execução, e, onde ele quer ser mais do que isso, é levado a calar-se. A angústia do interesse privado espreita, calcula e

---

[*]   Wilhelm Haw, Josef Friedrich Brust "e vários outros". (N. E.)

[**] Josef Friedrich Brust. (N. E.)

Karl Marx

confronta o mais acuradamente possível os modos como o adversário poderia explorar a seu favor o terreno do direito, no qual é preciso ingressar como mal necessário, e ela se antecipa a ele por meio das manobras contrárias mais precavidas possíveis. O próprio direito aparece como obstáculo à validação irrefreada do interesse privado e é tratado como obstáculo. Negocia-se e barganha-se com ele, aqui e ali se mercadeja a cessão de um princípio, ele é apaziguado pela referência suplicante ao direito do interesse, dá-se um tapinha em suas costas, cochicha-se em seu ouvido que isso seriam apenas exceções e que não há regras sem exceção, procura-se compensar o direito tanto por meio do terrorismo quanto da acurácia que lhe seriam permitidas contra o inimigo pela amplidão esquiva da consciência com que ele é tratado como garantia do réu e como objeto autônomo. O interesse do direito pode falar enquanto for o direito do interesse, mas deve calar assim que colide com esse segundo interesse sagrado.

O proprietário florestal, que *aplicou ele mesmo a pena*, é suficientemente coerente para também *julgar* por conta própria, pois é evidente que ele julga quando declara que uma sentença sem força de lei é uma sentença com força de lei. Que ilusão tola e nada prática é essa de um juiz imparcial quando o legislador é parcial? Qual o sentido de uma sentença não voltada para o interesse pessoal se a lei é voltada para o interesse pessoal? O juiz só pode formular o interesse pessoal da lei em termos puritanos, só pode aplicá-lo sem escrúpulos. Nesse caso, a imparcialidade é a forma, não o conteúdo da sentença. O conteúdo já foi antecipado pela lei. Se o processo não passar de uma forma desprovida de conteúdo, tal insignificância formal não tem valor autônomo. De acordo com essa visão, o direito chinês se transformaria em direito francês se fosse enquadrado em um processo francês, mas o *direito material* tem uma *forma processual necessária, inata.* E o bastão é tão necessário no direito chinês, a tortura é tão necessária ao conteúdo do código penal medieval enquanto forma processual, quanto é necessário ao processo público e livre um conteúdo público por natureza, ditado pela liberdade, e não pelo interesse privado. O processo e o direito são tão pouco indiferentes um ao outro quanto

Os despossuídos

o são as formas das plantas e dos animais em relação à carne e ao sangue dos animais. *Deve haver* um espírito que anima o processo e que anima as leis, pois o processo é apenas a *espécie de vida da lei* e, portanto, a manifestação de sua vida interior.

Os piratas de Tidong quebram os braços e as pernas dos prisioneiros para se assegurar de que eles não fugirão. Para assegurar seu poder sobre o infrator da lei florestal, a Dieta Renana não só quebrou os braços e as pernas do direito, mas também lhe perfurou o coração. Em contrapartida, consideramos verdadeiramente nulo seu mérito na reintrodução de nosso processo em algumas categorias; ao contrário, devemos reconhecer a franqueza e coerência com que ela confere ao conteúdo não livre uma forma não livre. Quando se introduz materialmente em nosso direito o interesse privado, que não suporta a luz da dimensão pública, deve-se dar a ele também sua forma adequada, ou seja, um processo confidencial, para que pelo menos não sejam despertadas nem nutridas ilusões perigosas e presunçosas. Consideramos dever de todos os renanos e preferencialmente dos juristas renanos voltar o foco de sua atenção nesse momento para o *conteúdo legal*, para que não acabe restando de tudo isso apenas uma máscara vazia. A forma não tem valor, se não for a forma do conteúdo.

A proposta recém-tratada da Comissão e o voto favorável da Dieta Renana são a fina flor de todo o debate, pois a *colisão entre o interesse da exploração florestal e os princípios do direito*, princípios estes sancionados por nossa própria lei, aparece aqui na consciência da própria Dieta Renana. A Dieta Renana decidiu por votação se os princípios do direito deveriam ser sacrificados em nome do interesse da exploração florestal ou se o interesse da exploração florestal deveria ser sacrificado em nome dos princípios do direito, e *o interesse venceu o direito pelo voto*. Chegou-se até mesmo a reconhecer que toda aquela lei constitui uma *exceção da lei* e, por isso, concluiu-se que *toda* determinação excepcional seria admissível nela. Os deputados estariam se limitando a tirar consequências que o legislador omitiu. Sempre que o legislador esqueceu de que se trata de uma exceção da lei e não de

Karl Marx

uma lei, sempre que ele é pela validação do ponto de vista do direito, a atividade da Dieta Renana se apresenta com seu tino certeiro para corrigir e complementar, fazendo com que o interesse privado dite leis ao direito onde antes o direito ditava leis ao interesse privado.

Portanto, a Dieta Renana *cumpriu cabalmente sua destinação*. Ela cumpriu sua *vocação* e representou certo *interesse particular*, tratando-o como fim último. O fato de ter pisoteado o direito para fazer isso é *simples consequência de sua tarefa*, pois o interesse é, por sua natureza, instinto cego, desmedido, unilateral, em suma, sem lei; e o que não tem lei pode fazer leis? Do mesmo modo que um mudo não se torna capaz de falar porque se lhe pôs um enorme megafone na mão, o interesse privado não se torna capacitado para legislar quando é sentado no trono do legislador.

Foi com relutância que acompanhamos esse debate monótono e insosso, mas consideramos nosso dever mostrar, com base em um exemplo, o que se poderia esperar de uma *assembleia de representantes de interesses particulares*, se um dia fosse seriamente convocada a legislar.

Repetimos mais uma vez que nossos representantes provinciais cumpriram sua destinação como representantes provinciais, mas, ao dizer isto, estamos muito longe de querer justificá-los. Neles, o renano deveria sair-se vitorioso contra o representante provincial, o ser humano contra o proprietário florestal. Até mesmo legalmente lhes é atribuída a representação não só do interesse privado, mas também a representação do interesse da província e, por mais contraditórias que sejam as duas tarefas, no caso de uma colisão de interesses não se deveria titubear nem por um instante em sacrificar a representação do interesse privado pela representação do interesse da província. É o senso de direito e de lei que constitui *o mais significativo provincialismo* dos renanos; mas é óbvio que o interesse privado desconhece tanto pátria quanto província, tanto o espírito universal quanto o espírito local. Em contradição direta com a afirmação daqueles autores da imaginação que gostam de descobrir em uma representação dos interesses privados um romantismo ideal, uma profundidade insondável do ânimo e a mais

Os despossuídos

fecunda fonte de formas individuais e peculiares da moralidade, uma tal representação anula todas as diferenças naturais e espirituais, entronizando no seu lugar a abstração imoral, tola e cruel de determinada matéria e certa consciência escravizado a ela.

A madeira continua sendo madeira tanto na Sibéria quanto na França; o proprietário florestal continua sendo proprietário florestal tanto em Kamchatka quanto na província do Reno. Portanto, quando a madeira e os possuidores da madeira enquanto tais fazem leis, essas leis em nada vão se diferenciar das demais, a não ser pelo ponto geográfico e pela língua em que foram promulgadas. Esse *materialismo condenado*, esse pecado contra o Espírito Santo dos povos e da humanidade, é consequência imediata da doutrina que o *Preußische Staats-Zeitung* [Jornal do Estado da Prússia] prega ao legislador, a saber, no caso da lei referente à madeira, pensar somente em madeira e floresta e não resolver o problema material concreto *politicamente*, isto é, sem relação com toda a razão do Estado e a moralidade pública.

Para os *selvagens de Cuba*, o ouro era *o fetiche dos espanhóis*. Eles organizaram uma celebração para ele, cantaram em volta dele e em seguida o jogaram ao mar*. Caso tivessem assistido à sessão dos deputados renanos, os selvagens de Cuba não teriam considerado a *madeira* como o *fetiche* dos *renanos*? Porém, alguma sessão posterior lhes teria ensinado que o fetichismo está associado à zoolatria, e os selvagens de Cuba teriam jogado as *lebres* ao mar para salvar as *pessoas***.

---

* Charles de Brosses, *Über den Dienst der Fetischengötter oder Vergleichung der alten Religion Egyptens mit der heutigen Religion Nigritiens*, cit., p. 36. (N. E.)

** Provável referência ao debate sobre a "Ordenação referente a delitos de caça". (N. E.)

ÍNDICE ONOMÁSTICO

Aldenhoven, Franz (1803-1872) – Nascido em Zons, foi funcionário público e deputado das comunidades rurais da Prússia. Diretor da primeira companhia de seguros de Colônia. 96.

Althusser, Louis (1918-1990) – Filósofo marxista francês de origem argelina. Foi filiado ao Partido Comunista Francês e professor da École Normale Supérieure, em Paris. 15.

Bauer, Bruno (1808-1882) – Filósofo e teólogo alemão de orientação neo-hegeliana. Marx travou diversos debates com Bauer e outros neo-hegelianos, que deram origem a algumas de suas principais obras de juventude. 12.

Baur, Heinrich von (1817-1904) – Administrador alemão, ocupou diversos cargos altos na vida pública. Foi deputado das Cidades e membro da Assembleia prussiana. 83, 90, 102, 109, 122.

Becker, Hermann Heinrich (1820-1885) – Político alemão e autor de vasta obra, foi prefeito de Colônia. Amigo de Marx e Engels, ajudou a preservar parte de seu trabalho. 16.

Blair, Anthony Charles Lynton "Tony" (1953) – Político britânico, foi membro do Parlamento, líder do Partido Trabalhista e primeiro-ministro do Reino Unido (1997-2007). 68-9.

Bray, John Francis (1809-1897) – Socialista estadunidense de influência cartista, autor do panfleto *Sofrimentos da classe operária e sua solução*, analisado por Marx em *Miséria da filosofia*. 45.

Brosses, Charles de (1709-1777) – Escritor francês oriundo da nobreza, foi presidente do Parlamento de Dijon, membro da Académie des Inscriptions et Belles-Lettres e inimigo declarado de Voltaire. 93, 127.

Carlos V (1500-1558) – Imperador romano-germânico de 1519 a 1556 e, como Carlos I, rei da Espanha de 1516 a 1556. 80.

Cohn-Bendit, Daniel (1945) – Sociólogo e político francês de ascendência alemã, foi líder estudantil em Maio de 1968. Ecologista, é membro do partido Die Grünen [Os Verdes]. 68.

Colbert, Jean-Baptiste (1619-1683) – Político francês que chegou a ser ministro de Estado e da Economia do rei Luís XIV, inaugurando o colbertismo, responsável por pavimentar e iluminar Paris. 23.

Cromwell, Oliver (1599-1658) – Líder da seita protestante inglesa "Os Puritanos". Em 1648, liderou a derrubada do rei Carlos I, condenando-o à morte. Nomeou a si mesmo Lorde Protetor, governando com esse título até morrer. 31-2, 122.

Índice onomástico

Destutt de Tracy, Antoine-Louis-Claude, conde (1754-1836) – economista francês, filósofo; partidário da monarquia constitucional. 43, 103.

Engels, Friedrich (1820-1895) – Filósofo alemão, amigo e principal colaborador de Karl Marx. É autor de *Anti-Düring* e *A situação da classe trabalhadora na Inglaterra*, entre outros. Depois da morte de Marx, encarregou-se da publicação dos Livros II e III de *O capital*. 13, 42, 46, 66.

Filipe II (1527-1598) – Da casa de Habsburgo, foi rei da Espanha de 1556 a 1598 e também rei de Portugal e Algarves a partir de 1581, como Filipe I. 120.

Frederico Guilherme IV (1795-1861) – Rei da Prússia de 1840 até 1861. 15.

Friedman, Milton (1912-2006) – Economista estadunidense da Escola de Chicago, vencedor do Prêmio Nobel de Economia de 1976. 68-9.

Gerlach, Ludwig Friedrich Leopold von (1790-1861) – General do Exército e político prussiano, conservador protestante, que serviu ao rei Frederico Guilherme IV.

Giddens, Anthony (1938) – Sociólogo britânico, conhecido por ter desenvolvido a teoria da estruturação e por defender, no âmbito da filosofia política, a chamada terceira via. 69.

Goethe, Johann Wolfgang von (1749-1832) – Escritor e pensador alemão, foi um dos baluartes do romantismo europeu e um dos mentores do movimento literário Sturm und Drang. Autor dos clássicos *Os sofrimentos do jovem Werther* e *Fausto*. 105.

Graciano – Personagem fictício da peça *O mercador de Veneza* (1605), de William Shakespeare. Amigo do protagonista Bassânio. 119.

Guizot, François Pierre Guillaume (1787-1874) – Historiador e estadista francês. Entre 1840 e 1848, dirigiu a política interna e externa da França. 93.

Haw, Wilhelm Georg Nikolaus von (1793-1862) – Político prussiano, foi deputado e, entre 1818 e 1839, prefeito de Trier. 123.

Hegel, Georg Wilhelm Friedrich (1770-1831) – Destacada figura do idealismo alemão, elaborou um sistema filosófico em que a consciência não é apenas consciência do objeto, mas também consciência de si. 14, 33-4.

Heine, Christian Johann Heinrich (1797-1856) – Poeta romântico alemão, bastante crítico da sociedade de sua época. Foi amigo de Marx e Engels. 12.

Hobbes, Thomas (1588-1679) – Filósofo materialista inglês, cuja obra pode ser entendida como uma tentativa de coordenar a crise surgida entre o feudalismo e a modernidade. 32-3.

Hulot, Nicolas (1955) – Jornalista e produtor cultural francês, dirige uma fundação que leva o seu nome e milita pelas causas ambientais, tendo certa relevância no cenário político francês. 69.

Ireton, Henry (1611–1651) – General inglês durante a Guerra Civil da Inglaterra, genro do líder do exército do Parlamento Oliver Cromwell. 31.

Koch, Johann Christoph (1732-1808) – Foi um jurista, professor e chanceler alemão que viveu em Giessen. Atuou também como organizador e editor de obras políticas. 80.

Os despossuídos

Kouchner, Bernard (1939) – Médico e político francês, cofundador das organizações humanitárias Médicos sem Fronteiras e Médicos do Mundo. Foi ministro das Relações Exteriores e Europeias da França no governo de Nicolas Sarkozy. 68.

Lassalle, Ferdinand (1825-1864) – Jurista e ativista político alemão, defensor dos ideais democráticos. Seguidor de Hegel e amigo de Marx, embora não estivessem de acordo a respeito das questões fundamentais de sua época. 66.

Locke, John (1632-1704) – Filósofo empirista inglês, considerado um dos mais influentes pensadores do século XVII. 22, 39, 40, 60, 65.

Loë, barão de (1787-1849) – Friedrich Carl Alexander Clemens, político prussiano. 110, 112--3, 115.

Loë, barão de (1817-1879) – Maximilian, filho de Friedrich Carl, foi deputado da nobreza. 78.

Marat, Jean-Paul (1743-1793) – Jornalista francês que se revelou um dos líderes mais coerentes do clube jacobino na Revolução Francesa. Editor do jornal *Ami du peuple* [Amigo do povo]. 25.

Montesquieu, barão de (1689-1755) – Charles-Louis de Secondat foi um filósofo, sociólogo, economista e escritor francês. Iluminista, defendeu a teoria quantitativa do dinheiro. 81.

Napoleão Bonaparte (1769-1821) – Dirigente efetivo da França a partir de 1799 e imperador de 1804 a 1814 e 1815. 103.

Overton, Richard (1640–1664) – Militante *leveller* inglês, autor de inúmeros panfletos sobre soberania popular durante a Guerra Civil na Inglaterra. Sua biografia é incerta, mas é provável que tenha morrido na prisão. 30.

Pórcia – Personagem fictícia da peça *O mercador de Veneza* (1605), de William Shakespeare. Pretendente do protagonista Bassânio, a rica e astuta herdeira revela-se a heroína da história. 119.

Prodi, Romano (1939) – Economista, professor universitário e política italiano, foi duas vezes primeiro-ministro italiano e, de 1999 a 2004, foi presidente da Comissão Europeia. 69.

Proudhon, Pierre-Joseph (1809-1865) – Filósofo político e econômico francês, considerado um dos mais influentes autores anarquistas. Desenvolveu a teoria socioeconômica mutualista, que pregava o apoio mútuo entre os trabalhadores. 19, 37, 39-41, 43-7, 50, 53-4, 60-2.

Rainsborough, Thomas (1610-1648) – Rebelde puritano e político inglês, foi dos mais proeminentes oradores e combatentes do movimento *leveller*. Morreu após uma tentativa fracassada de sequestro por parte das forças da realeza. 31.

Robespierre, Maximilien de (1758-1794) – Político, advogado e revolucionário francês. Uma das figuras centrais da Revolução Francesa. 26-7.

Rousseau, Jean-Jacques (1712-1778) – Pensador e teórico político suíço, é um dos ícones do Iluminismo francês. Sua teoria sobre a liberdade ser inerente à natureza humana o tornou inspirador de movimentos liberais, do marxismo e do anarquismo. 38.

Índice onomástico

Salm-Reifferscheidt-Dyck, Josef zu (1773-1861) – membro do estamento da nobreza, possuía título de príncipe e governava o pequeno território prussiano de Salm-Reifferscheidt-Dyck. 96.

Sarkozy, Nicolas (1955) – Político francês formado em direito que exerceu a presidência do país entre 2007 e 2012. Antes, ocupara diversos cargos públicos, incluindo ministérios. 69.

Say, Jean Baptiste (1767-1832) – Economista francês, entusiasta das ideias iluministas e fortemente influenciado por Adam Smith. 60.

Schaper, Eduard von (1792-1868) – Formado em direito, foi um político e funcionário público alemão. Presidente das províncias do Reno e da Westphalia. 14, 33.

Schröder, Gerhard (1944) – Político alemão membro do Partido Social-Democrata, foi chanceler de 1998 a 2005. 69.

Schuchard, Johannes (1782-1855) – Fabricante e comerciante de seda, tornou-se membro do estamento das cidades em 1809. Foi um dos fundadores da Câmara de Comércio de Elberfeld e Barmen. Militou pela proibição do trabalho infantil. 99.

Sexby, Edward (1616-1658) – Soldado puritano e combatente *leveller*. Integrava o Exército de Oliver Cromwell antes de debandar e planejar seu assassinato. 31.

Shylock – Personagem fictício da peça *O mercador de Veneza* (1605), de William Shakespeare. Pensionista judeu, é o principal antagonista da história. 92, 119.

Stern, Nicholas (1946) – Economista e acadêmico inglês, ocupa a cátedra de mudanças climáticas e meio ambiente do Grantham Research Institute. É autor do Relatório Stern (2006), sobre os impactos da degradação ambiental na economia mundial. 70-1.

Thiers, Marie Joseph Louis Adolphe (1797-1877) – político e historiador francês, orleanista. Chefe do poder Executivo em 1871 e presidente da Terceira República de 1871-1873, atuou na repressão da Comuna de Paris. 37.

Tocqueville, Alexis-Charles-Henri de (1805-1859) – Historiador e político francês, legitimista. Durante a Segunda República, foi deputado nas assembleias Constituinte e Legislativa e, entre junho e outubro de 1849, ministro dos Negócios Estrangeiros. 27.

CRONOLOGIA RESUMIDA DE MARX E ENGELS

	Karl Marx	Friedrich Engels	Fatos históricos
1818	Em Trier (capital da província alemã do Reno), nasce Karl Marx (5 de maio), o segundo de oito filhos de Heinrich Marx e Enriqueta Pressburg. Trier na época era influenciada pelo liberalismo revolucionário francês e pela reação ao Antigo Regime, vinda da Prússia.		Simón Bolívar declara a Venezuela independente da Espanha.
1820		Nasce Friedrich Engels (28 de novembro), primeiro dos oito filhos de Friedrich Engels e Elizabeth Franziska Mauritia van Haar, em Barmen, Alemanha. Cresce no seio de uma família de industriais religiosa e conservadora.	George IV se torna rei da Inglaterra, pondo fim à Regência. Insurreição constitucionalista em Portugal.
1824	O pai de Marx, nascido Hirschel, advogado e conselheiro de Justiça, é obrigado a abandonar o judaísmo por motivos profissionais e políticos (os judeus estavam proibidos de ocupar cargos públicos na Renânia). Marx entra para o Ginásio de Trier (outubro).		Simón Bolívar se torna chefe do Executivo do Peru.
1830	Inicia seus estudos no Liceu Friedrich Wilhelm, em Trier.		Estouram revoluções em diversos países europeus. A população de Paris insurge-se contra a promulgação de leis que dissolvem a Câmara e suprimem a liberdade de imprensa. Luís Filipe assume o poder.
1831			Em 14 de novembro, morre Hegel.

Cronologia resumida de Marx e Engels

	Karl Marx	Friedrich Engels	Fatos históricos
1834		Engels ingressa, em outubro, no Ginásio de Elberfeld.	A escravidão é abolida no Império Britânico. Insurreição operária em Lyon.
1835	Escreve *Reflexões de um jovem perante a escolha de sua profissão*. Presta exame final de bacharelado em Trier (24 de setembro). Inscreve-se na Universidade de Bonn.		Revolução Farroupilha, no Brasil. O Congresso alemão faz moção contra o movimento de escritores Jovem Alemanha.
1836	Estuda Direito na Universidade de Bonn. Participa do Clube de Poetas e de associações estudantis. No verão, fica noivo em segredo de Jenny von Westphalen, sua vizinha em Trier. Em razão da oposição entre as famílias, casar-se-iam apenas sete anos depois. Matricula-se na Universidade de Berlim.	Na juventude, fica impressionado com a miséria em que vivem os trabalhadores das fábricas de sua família. Escreve *Poema*.	Fracassa o golpe de Luís Napoleão em Estrasburgo. Criação da Liga dos Justos.
1837	Transfere-se para a Universidade de Berlim e estuda com mestres como Gans e Savigny. Escreve *Canções selvagens* e *Transformações*. Em carta ao pai, descreve sua relação contraditória com o hegelianismo, doutrina predominante na época.	Por insistência do pai, Engels deixa o ginásio e começa a trabalhar nos negócios da família. Escreve *História de um pirata*.	A rainha Vitória assume o trono na Inglaterra.
1838	Entra para o Clube dos Doutores, encabeçado por Bruno Bauer. Perde o interesse pelo Direito e entrega-se com paixão ao estudo da Filosofia, o que lhe compromete a saúde. Morre seu pai.	Estuda comércio em Bremen. Começa a escrever ensaios literários e sociopolíticos, poemas e panfletos filosóficos em periódicos como o *Hamburg Journal* e o *Telegraph für Deutschland*, entre eles o poema "O beduíno" (setembro), sobre o espírito da liberdade.	Richard Cobden funda a Anti-Corn-Law-League, na Inglaterra. Proclamação da Carta do Povo, que originou o cartismo.
1839		Escreve o primeiro trabalho de envergadura, *Briefe aus dem Wupperthal* [Cartas de Wupperthal], sobre a vida operária em Barmen e na vizinha Elberfeld (*Telegraph für Deutschland*, primavera). Outros viriam, como *Literatura popular alemã*, *Karl Beck* e *Memorabilia de Immermann*. Estuda a filosofia de Hegel.	Feuerbach publica *Zur Kritik der Hegelschen Philosophie* [Crítica da filosofia hegeliana]. Primeira proibição do trabalho de menores na Prússia. Auguste Blanqui lidera o frustrado levante de maio, na França.
1840	K. F. Koeppen dedica a Marx seu estudo *Friedrich der Grosse und seine Widersacher* [Frederico, o Grande, e seus adversários].	Engels publica *Réquiem para o Aldeszeitung alemão* (abril), *Vida literária moderna*, no *Mitternachtzeitung* (março-maio) e *Cidade natal de Siegfried* (dezembro).	Proudhon publica *O que é a propriedade?* [Qu'est-ce que la propriété?].

Os despossuídos

Karl Marx	Friedrich Engels	Fatos históricos
1841 Com uma tese sobre as diferenças entre as filosofias de Demócrito e Epicuro, Marx recebe em Iena o título de doutor em Filosofia (15 de abril). Volta a Trier. Bruno Bauer, acusado de ateísmo, é expulso da cátedra de Teologia da Universidade de Bonn e, com isso, Marx perde a oportunidade de atuar como docente nessa universidade.	Publica *Ernst Moritz Arndt*. Seu pai o obriga a deixar a escola de comércio para dirigir os negócios da família. Engels prosseguiria sozinho seus estudos de filosofia, religião, literatura e política. Presta o serviço militar em Berlim por um ano. Frequenta a Universidade de Berlim como ouvinte e conhece os jovens hegelianos. Critica intensamente o conservadorismo na figura de Schelling, com os escritos *Schelling em Hegel, Schelling e a revelação* e *Schelling, filósofo em Cristo*.	Feuerbach traz a público *A essência do cristianismo* [*Das Wesen des Christentums*]. Primeira lei trabalhista na França.
1842 Elabora seus primeiros trabalhos como publicista. Começa a colaborar com o jornal *Rheinische Zeitung* [Gazeta Renana], publicação da burguesia em Colônia, do qual mais tarde seria redator. Conhece Engels, que na ocasião visitava o jornal.	Em Manchester, assume a fiação do pai, a Ermen & Engels. Conhece Mary Burns, jovem trabalhadora irlandesa, que viveria com ele até a morte dela. Mary e a irmã Lizzie mostram a Engels as dificuldades da vida operária, e ele inicia estudos sobre os efeitos do capitalismo no operariado inglês. Publica artigos no *Rheinische Zeitung*, entre eles "Crítica às leis de imprensa prussianas" e "Centralização e liberdade".	Eugène Sue publica *Os mistérios de Paris*. Feuerbach publica *Vorläutige Thesen zur Reform der Philosophie* [Teses provisórias para uma reforma da filosofia]. O Ashley's Act proíbe o trabalho de menores e mulheres em minas na Inglaterra.
1843 Sob o regime prussiano, é fechado o *Rheinische Zeitung*. Marx casa-se com Jenny von Westphalen. Recusa convite do governo prussiano para ser redator no diário oficial. Passa a lua de mel em Kreuznach, onde se dedica ao estudo de diversos autores, com destaque para Hegel. Redige os , manuscritos que viriam a ser conhecidos como *Crítica da filosofia do direito de Hegel* [*Zur Kritik der Hegelschen Rechtsphilosophie*]. Em outubro vai a Paris, onde Moses Hess e George Herwegh o apresentam às sociedades secretas socialistas e comunistas e às associações operárias alemãs. Conclui *Sobre a questão judaica* [*Zur Judenfrage*]. Substitui Arnold Ruge na direção dos *Deutsch-Französische Jahrbücher* [Anais Franco-Alemães]. Em dezembro inicia grande amizade com Heinrich Heine e conclui sua "Crítica da filosofia do direito de Hegel – Introdução" [Zur Kritik der Hegelschen Rechtsphilosophie – Einleitung].	Engels escreve, com Edgar Bauer, o poema satírico "Como a Bíblia escapa milagrosamente a um atentado impudente, ou o triunfo da fé", contra o obscurantismo religioso. O jornal *Schweuzerisher Republicaner* publica suas "Cartas de Londres". Em Bradford, conhece o poeta G. Weerth. Começa a escrever para a imprensa cartista. Mantém contato com a Liga dos Justos. Ao longo desse período, suas cartas à irmã favorita, Marie, revelam seu amor pela natureza e por música, livros, pintura, viagens, esporte, vinho, cerveja e tabaco.	Feuerbach publica *Grundsätze der Philosophie der Zukunft* [Princípios da filosofia do futuro].

Cronologia resumida de Marx e Engels

Karl Marx	Friedrich Engels	Fatos históricos
1844 Em colaboração com Arnold Ruge, elabora e publica o primeiro e único volume dos *Deutsch-Französische Jahrbücher*, no qual participa com dois artigos: "A questão judaica" e "Introdução a uma crítica da filosofia do direito de Hegel". Escreve os *Manuscritos econômico-filosóficos* [*Ökonomisch-philosophische Manuskripte*]. Colabora com o *Vorwärts!* [Avante!], órgão de imprensa dos operários alemães na emigração. Conhece a Liga dos Justos, fundada por Weitling. Amigo de Heine, Leroux, Blanqui, Proudhon e Bakunin, inicia em Paris estreita amizade com Engels. Nasce Jenny, primeira filha de Marx. Rompe com Ruge e desliga-se dos *Deutsch-Französische Jahrbücher*. O governo decreta a prisão de Marx, Ruge, Heine e Bernays pela colaboração nos *Deutsch-Französische Jahrbücher*. Encontra Engels em Paris e em dez dias planejam seu primeiro trabalho juntos, *A sagrada família* [*Die heilige Familie*]. Marx publica no *Vorwärts!* artigo sobre a greve na Silésia.	Em fevereiro, Engels publica *Esboço para uma crítica da economia política* [*Umrisse zu einer Kritik der Nationalökonomie*], texto que influenciou profundamente Marx. Segue à frente dos negócios do pai, escreve para os *Deutsch-Französische Jahrbücher* e colabora com o jornal *Vorwärts!*. Deixa Manchester. Em Paris, torna-se amigo de Marx, com quem desenvolve atividades militantes, o que os leva a criar laços cada vez mais profundos com as organizações de trabalhadores de Paris e Bruxelas. Vai para Barmen.	O Graham's Factory Act regula o horário de trabalho para menores e mulheres na Inglaterra. Fundado o primeiro sindicato operário na Alemanha. Insurreição de operários têxteis na Silésia e na Boêmia.
1845 Por causa do artigo sobre a greve na Silésia, a pedido do governo prussiano Marx é expulso da França, juntamente com Bakunin, Bürgers e Bornstedt. Muda-se para Bruxelas e, em colaboração com Engels, escreve e publica em Frankfurt *A sagrada família*. Ambos começam a escrever *A ideologia alemã* [*Die deutsche Ideologie*], e Marx elabora "As teses sobre Feuerbach" [*Thesen über Feuerbach*]. Em setembro, nasce Laura, segunda filha de Marx e Jenny. Em dezembro, ele renuncia à nacionalidade prussiana.	As observações de Engels sobre a classe trabalhadora de Manchester, feitas anos antes, formam a base de uma de suas obras principais, *A situação da classe trabalhadora na Inglaterra* [*Die Lage der arbeitenden Klasse in England*] (publicada primeiramente em alemão; a edição seria traduzida para o inglês 40 anos mais tarde). Em Barmen, organiza debates sobre as ideias comunistas com Hess e profere os *Discursos de Elberfeld*. Em abril sai de Barmen e encontra Marx em Bruxelas. Juntos, estudam economia e fazem uma breve visita a Manchester (julho e agosto), onde percorrem alguns jornais locais, como o *Manchester Guardian* e o *Volunteer Journal for Lancashire and Cheshire*. É lançada *A situação da classe trabalhadora na Inglaterra*, em Leipzig. Começa sua vida em comum com Mary Burns.	Criada a organização internacionalista Democratas Fraternais, em Londres. Richard M. Hoe registra a patente da primeira prensa rotativa moderna.
1846 Marx e Engels organizam em Bruxelas o primeiro Comitê de Correspondência da Liga dos Justos,	Seguindo instruções do Comitê de Bruxelas, Engels estabelece estreitos contatos com socialistas e	Os Estados Unidos declaram guerra ao México. Rebelião

Os despossuídos

Karl Marx	Friedrich Engels	Fatos históricos
uma rede de correspondentes comunistas em diversos países, a qual Proudhon se nega a integrar. Em carta a Annenkov, Marx critica o recém-publicado *Sistema das contradições econômicas ou Filosofia da miséria* [*Système des contradictions économiques ou Philosophie de la misère*], de Proudhon. Redige com Engels a *Zirkular gegen Kriege* [Circular contra Kriege], crítica a um alemão emigrado dono de um periódico socialista em Nova York. Por falta de editor, Marx e Engels desistem de publicar *A ideologia alemã* (a obra só seria publicada em 1932, na União Soviética). Em dezembro, nasce Edgar, o terceiro filho de Marx.	comunistas franceses. No outono, ele se desloca para Paris com a incumbência de estabelecer novos comitês de correspondência. Participa de um encontro de trabalhadores alemães em Paris, propagando ideias comunistas e discorrendo sobre a utopia de Proudhon e o socialismo real de Karl Grün.	polonesa em Cracóvia. Crise alimentar na Europa. Abolidas, na Inglaterra, as "leis dos cereais".

	Karl Marx	Friedrich Engels	Fatos históricos
1847	Filia-se à Liga dos Justos, em seguida nomeada Liga dos Comunistas. Realiza-se o primeiro congresso da associação em Londres (junho), ocasião em que se encomenda a Marx e Engels um manifesto dos comunistas. Eles participam do congresso de trabalhadores alemães em Bruxelas e, juntos, fundam a Associação Operária Alemã de Bruxelas. Marx é eleito vice-presidente da Associação Democrática. Conclui e publica a edição francesa de *Miséria da filosofia* [*Misère de la philosophie*] (Bruxelas, julho).	Engels viaja a Londres e participa com Marx do I Congresso da Liga dos Justos. Publica *Princípios do comunismo* [*Grundsätze des Kommunismus*], uma "versão preliminar" do *Manifesto Comunista* [*Manifest der Kommunistischen Partei*]. Em Bruxelas, com Marx, participa da reunião da Associação Democrática, voltando em seguida a Paris para mais uma série de encontros. Depois de atividades em Londres, volta a Bruxelas e escreve, com Marx, o *Manifesto Comunista*.	A Polônia torna-se província russa. Guerra civil na Suíça. Realiza-se em Londres o II Congresso da Liga dos Comunistas (novembro).
1848	Marx discursa sobre o livre-cambismo numa das reuniões da Associação Democrática. Com Engels publica, em Londres (fevereiro), o *Manifesto Comunista*. O governo revolucionário francês, por meio de Ferdinand Flocon, convida Marx a morar em Paris após o governo belga expulsá-lo de Bruxelas. Redige com Engels "Reivindicações do Partido Comunista da Alemanha" [*Forderungen der Kommunistischen Partei in Deutschland*] e organiza o regresso dos membros alemães da Liga dos Comunistas à pátria. Com sua família e com Engels, muda-se em fins de maio para Colônia, onde ambos fundam o jornal *Neue Rheinische Zeitung* [Nova Gazeta Renana], cuja primeira edição é	Expulso da França por suas atividades políticas, chega a Bruxelas no fim de janeiro. Juntamente com Marx, toma parte na insurreição alemã, de cuja derrota falaria quatro anos depois em *Revolução e contrarrevolução na Alemanha* [*Revolution und Konterevolution in Deutschland*]. Engels exerce o cargo de editor do *Neue Rheinische Zeitung*, recém-criado por ele e Marx. Participa, em setembro, do Comitê de Segurança Pública criado para rechaçar a contrarrevolução, durante grande ato popular promovido pelo *Neue Rheinische Zeitung*. O periódico sofre suspensões, mas prossegue ativo. Procurado pela polícia, tenta se exilar na Bélgica, onde é preso e	Definida, na Inglaterra, a jornada de dez horas para menores e mulheres na indústria têxtil. Criada a Associação Operária, em Berlim. Fim da escravidão na Áustria. Abolição da escravidão nas colônias francesas. Barricadas em Paris: eclode a revolução; o rei Luís Filipe abdica e a República é proclamada. A revolução se alastra pela Europa. Em junho, Blanqui lidera novas insurreições

Cronologia resumida de Marx e Engels

Karl Marx	Friedrich Engels	Fatos históricos
publicada em 1º de junho, com o subtítulo *Organ der Demokratie*. Marx começa a dirigir a Associação Operária de Colônia e acusa a burguesia alemã de traição. Proclama o terrorismo revolucionário como único meio de amenizar "as dores de parto" da nova sociedade. Conclama ao boicote fiscal e à resistência armada.	depois expulso. Muda-se para a Suíça.	operárias em Paris, brutalmente reprimidas pelo general Cavaignac. Decretado estado de sítio em Colônia em reação a protestos populares. O movimento revolucionário reflui.
1849 Marx e Engels são absolvidos em processo por participação nos distúrbios de Colônia (ataques a autoridades publicados no *Neue Rheinische Zeitung*). Ambos defendem a liberdade de imprensa na Alemanha. Marx é convidado a deixar o país, mas ainda publicaria *Trabalho assalariado e capital* [*Lohnarbeit und Kapital*]. O periódico, em difícil situação, é extinto (maio). Marx, em condição financeira precária (vende os próprios móveis para pagar as dívidas), tenta voltar a Paris, mas, impedido de ficar, é obrigado a deixar a cidade em 24 horas. Graças a uma campanha de arrecadação de fundos promovida por Ferdinand Lassalle na Alemanha, Marx se estabelece com a família em Londres, onde nasce Guido, seu quarto filho (novembro).	Em janeiro, Engels retorna a Colônia. Em maio, toma parte militarmente na resistência à reação. À frente de um batalhão de operários, entra em Elberfeld, motivo pelo qual sofre sanções legais por parte das autoridades prussianas, enquanto Marx é convidado a deixar o país. É publicado o último número do *Neue Rheinische Zeitung*. Marx e Engels vão para o sudoeste da Alemanha, onde Engels envolve-se no levante de Baden-Palatinado, antes de seguir para Londres.	Proudhon publica *Les confessions d'un révolutionnaire* [As confissões de um revolucionário]. A Hungria proclama sua independência da Áustria. Após período de refluxo, reorganiza-se no fim do ano, em Londres, o Comitê Central da Liga dos Comunistas, com a participação de Marx e Engels.
1850 Ainda em dificuldades financeiras, organiza a ajuda aos emigrados alemães. A Liga dos Comunistas reorganiza as sessões locais e é fundada a Sociedade Universal dos Comunistas Revolucionários, cuja liderança logo se fraciona. Edita em Londres a *Neue Rheinische Zeitung* [Nova Gazeta Renana], revista de economia política, bem como *Lutas de classe na França* [*Die Klassenkämpfe in Frankreich*]. Morre o filho Guido.	Publica *A guerra dos camponeses na Alemanha* [*Der deutsche Bauernkrieg*]. Em novembro, retorna a Manchester, onde viverá por vinte anos, e às suas atividades na Ermen & Engels; o êxito nos negócios possibilita ajudas financeiras a Marx.	Abolição do sufrágio universal na França.
1851 Continua em dificuldades, mas, graças ao êxito dos negócios de Engels em Manchester, conta com ajuda financeira. Dedica-se intensamente aos estudos de economia na biblioteca do Museu Britânico. Aceita o convite de trabalho do *New York Daily Tribune*, mas é Engels quem envia os primeiros textos, intitulados	Engels, ao lado de Marx, começa a colaborar com o Movimento Cartista [Chartist Movement]. Estuda língua, história e literatura eslava e russa.	Na França, golpe de Estado de Luís Bonaparte. Realização da primeira Exposição Universal, em Londres.

Os despossuídos

Karl Marx	Friedrich Engels	Fatos históricos
"Contrarrevolução na Alemanha", publicados sob a assinatura de Marx. Hermann Becker publica em Colônia o primeiro e único tomo dos *Ensaios escolhidos de Marx*. Nasce Francisca (28 de março), a quinta de seus filhos.		

	Karl Marx	Friedrich Engels	Fatos históricos
1852	Envia ao periódico *Die Revolution*, de Nova York, uma série de artigos sobre *O 18 de brumário de Luís Bonaparte* [*Der achtzehnte Brumaire des Louis Bonaparte*]. Sua proposta de dissolução da Liga dos Comunistas é acolhida. A difícil situação financeira é amenizada com o trabalho para o *New York Daily Tribune*. Morre a filha Francisca, nascida um ano antes.	Publica *Revolução e contrarrevolução na Alemanha* [*Revolution und Konterevolution in Deutschland*]. Com Marx, elabora o panfleto *O grande homem do exílio* [*Die grossen Männer des Exils*] e uma obra, hoje desaparecida, chamada *Os grandes homens oficiais da Emigração*; nela, atacam os dirigentes burgueses da emigração em Londres e defendem os revolucionários de 1848-1849. Expõem, em cartas e artigos conjuntos, os planos do governo, da polícia e do judiciário prussianos, textos que teriam grande repercussão.	Luís Bonaparte é proclamado imperador da França, com o título de Napoleão Bonaparte III.
1853	Marx escreve, tanto para o *New York Daily Tribune* quanto para o *People's Paper*, inúmeros artigos sobre temas da época. Sua precária saúde o impede de voltar aos estudos econômicos interrompidos no ano anterior, o que faria somente em 1857. Retoma a correspondência com Lassalle.	Escreve artigos para o *New York Daily Tribune*. Estuda persa e a história dos países orientais. Publica, com Marx, artigos sobre a Guerra da Crimeia.	A Prússia proíbe o trabalho para menores de 12 anos.
1854	Continua colaborando com o *New York Daily Tribune*, dessa vez com artigos sobre a revolução espanhola.		
1855	Começa a escrever para o *Neue Oder Zeitung*, de Breslau, e segue como colaborador do *New York Daily Tribune*. Em 16 de janeiro, nasce Eleanor, sua sexta filha, e em 6 de abril morre Edgar, o terceiro.	Escreve uma série de artigos para o periódico *Putman*.	Morte de Nicolau I, na Rússia, e ascensão do czar Alexandre II.
1856	Ganha a vida redigindo artigos para jornais. Discursa sobre o progresso técnico e a revolução proletária em uma festa do *People's Paper*. Estuda a história e a civilização dos povos eslavos. A esposa Jenny recebe uma herança da mãe, o que permite que a família se mude para um apartamento mais confortável.	Acompanhado da mulher, Mary Burns, Engels visita a terra natal dela, a Irlanda.	Morrem Max Stirner e Heinrich Heine. Guerra franco-inglesa contra a China.
1857	Retoma os estudos sobre economia política, por considerar iminente uma nova crise econômica europeia.	Adoece gravemente em maio. Analisa a situação no Oriente Médio, estuda a questão eslava e	O divórcio, sem necessidade de aprovação

Cronologia resumida de Marx e Engels

Karl Marx	Friedrich Engels	Fatos históricos
Fica no Museu Britânico das nove da manhã às sete da noite e trabalha madrugada adentro. Só descansa quando adoece e aos domingos, nos passeios com a família em Hampstead. O médico o proíbe de trabalhar à noite. Começa a redigir os manuscritos que viriam a ser conhecidos como *Grundrisse der Kritik der Politischen Ökonomie* [Esboços de uma crítica da economia política], e que servirão de base à obra *Para a crítica da economia política* [*Zur Kritik der Politischen Ökonomie*]. Escreve a célebre *Introdução de 1857*. Continua a colaborar no *New York Daily Tribune*. Escreve artigos sobre Jean-Baptiste Bernadotte, Simón Bolívar, Gebhard Blücher e outros na *New American Encyclopaedia* [Nova Enciclopédia Americana]. Atravessa um novo período de dificuldades financeiras e tem um novo filho, natimorto.	aprofunda suas reflexões sobre temas militares. Sua contribuição para a *New American Encyclopaedia* [Nova Enciclopédia Americana], versando sobre as guerras, faz de Engels um continuador de Von Clausewitz e um precursor de Lenin e Mao Tsé-Tung. Continua trocando cartas com Marx, discorrendo sobre a crise na Europa e nos Estados Unidos.	parlamentar, se torna legal na Inglaterra.
1858 O *New York Daily Tribune* deixa de publicar alguns de seus artigos. Marx dedica-se à leitura de *Ciência da lógica* [*Wissenschaft der Logik*] de Hegel. Agravam-se os problemas de saúde e a penúria.	Engels dedica-se ao estudo das ciências naturais.	Morre Robert Owen.
1859 Publica em Berlim *Para a crítica da economia política*. A obra só não fora publicada antes porque não havia dinheiro para postar o original. Marx comentaria: "Seguramente é a primeira vez que alguém escreve sobre o dinheiro com tanta falta dele". O livro, muito esperado, foi um fracasso. Nem seus companheiros mais entusiastas, como Liebknecht e Lassalle, o compreenderam. Escreve mais artigos no *New York Daily Tribune*. Começa a colaborar com o periódico londrino *Das Volk*, contra o grupo de Edgar Bauer. Marx polemiza com Karl Vogt (a quem acusa de ser subsidiado pelo bonapartismo), Blind e Freiligrath.	Faz uma análise, com Marx, da teoria revolucionária e suas táticas, publicada em coluna do *Das Volk*. Escreve o artigo "Po und Rhein" [Pó e Reno], em que analisa o bonapartismo e as lutas liberais na Alemanha e na Itália. Enquanto isso, estuda gótico e inglês arcaico. Em dezembro, lê o recém--publicado *A origem das espécies* [*The Origin of Species*], de Darwin.	A França declara guerra à Áustria.
1860 Vogt começa uma série de calúnias contra Marx, e as querelas chegam aos tribunais de Berlim e Londres. Marx escreve *Herr Vogt* [Senhor Vogt].	Engels vai a Barmen para o sepultamento de seu pai (20 de março). Publica a brochura *Savoia, Nice e o Reno* [*Savoyen, Nizza und der Rhein*], polemizando com	Giuseppe Garibaldi toma Palermo e Nápoles.

Os despossuídos

Karl Marx	Friedrich Engels	Fatos históricos
Marx escreve *Herr Vogt* [Senhor Vogt].	Lassalle. Continua escrevendo para vários periódicos, entre eles o *Allgemeine Militar Zeitung.* Contribui com artigos sobre o conflito de secessão nos Estados Unidos no *New York Daily Tribune* e no jornal liberal *Die Presse.*	
1861 Enfermo e depauperado, Marx vai à Holanda, onde o tio Lion Philiph concorda em adiantar-lhe uma quantia, por conta da herança de sua mãe. Volta a Berlim e projeta com Lassalle um novo periódico. Reencontra velhos amigos e visita a mãe em Trier. Não consegue recuperar a nacionalidade prussiana. Regressa a Londres e participa de uma ação em favor da libertação de Blanqui. Retoma seus trabalhos científicos e a colaboração com o *New York Daily Tribune* e o *Die Presse* de Viena.		Guerra civil norte- -americana. Abolição da servidão na Rússia.
1862 Trabalha o ano inteiro em sua obra científica e encontra-se várias vezes com Lassalle para discutirem seus projetos. Em suas cartas a Engels, desenvolve uma crítica à teoria ricardiana sobre a renda da terra. O *New York Daily Tribune,* justificando-se com a situação econômica interna norte-americana, dispensa os serviços de Marx, o que reduz ainda mais seus rendimentos. Viaja à Holanda e a Trier, e novas solicitações ao tio e à mãe são negadas. De volta a Londres, tenta um cargo de escrevente da ferrovia, mas é reprovado por causa da caligrafia.		Nos Estados Unidos, Lincoln decreta a abolição da escravatura. O escritor Victor Hugo publica *Les misérables* [Os miseráveis].
1863 Marx continua seus estudos no Museu Britânico e se dedica também à matemática. Começa a redação definitiva de *O capital* [*Das Kapital*] e participa de ações pela independência da Polônia. Morre sua mãe (novembro), deixando-lhe algum dinheiro como herança.	Morre, em Manchester, Mary Burns, companheira de Engels (6 de janeiro). Ele permaneceria morando com a cunhada Lizzie. Esboça, mas não conclui um texto sobre rebeliões camponesas.	
1864 Malgrado a saúde, continua a trabalhar em sua obra científica. É convidado a substituir Lassalle (morto em duelo) na Associação Geral dos Operários Alemães. O cargo, entretanto, é ocupado por Becker. Apresenta o projeto e o estatuto de uma Associação	Engels participa da fundação da Associação Internacional dos Trabalhadores, depois conhecida como a Primeira Internacional. Torna-se coproprietário da Ermen & Engels. No segundo semestre, contribui, com Marx, para o *Sozial-Demokrat,* periódico da	Dühring traz a público seu *Kapital und Arbeit* [Capital e trabalho]. Fundação, na Inglaterra, da Associação Internacional dos Trabalhadores.

Cronologia resumida de Marx e Engels

Karl Marx

Internacional dos Trabalhadores, durante encontro internacional no Saint Martin's Hall de Londres. Marx elabora o "Manifesto de Inauguração da Associação Internacional dos Trabalhadores".

1865 Conclui a primeira redação de *O capital* e participa do Conselho Central da Internacional (setembro), em Londres. Marx escreve *Salário, preço e lucro* [*Lohn, Preis und Profit*]. Publica no *Sozial-Demokrat* uma biografia de Proudhon, morto recentemente. Conhece o socialista francês Paul Lafargue, seu futuro genro.

1866 Apesar dos intermináveis problemas financeiros e de saúde, Marx conclui a redação do Livro I de *O capital*. Prepara a pauta do primeiro Congresso da Internacional e as teses do Conselho Central. Pronuncia discurso sobre a situação na Polônia.

1867 O editor Otto Meissner publica, em Hamburgo, o primeiro volume de *O capital*. Os problemas de Marx o impedem de prosseguir no projeto. Redige instruções para Wilhelm Liebknecht, recém-ingressado na Dieta prussiana como representante social-democrata.

1868 Piora o estado de saúde de Marx, e Engels continua ajudando-o financeiramente. Marx elabora estudos sobre as formas primitivas de propriedade comunal, em especial sobre o *mir* russo. Corresponde-se com o russo Danielson e lê Dühring. Bakunin se declara discípulo de Marx e funda a Aliança Internacional da Social--Democracia. Casamento da filha Laura com Lafargue.

1869 Liebknecht e Bebel fundam o Partido Operário Social--Democrata alemão, de linha marxista. Marx, fugindo das polícias da Europa continental, passa a viver em Londres, com a família, na mais absoluta miséria. Continua os trabalhos para o segundo livro de *O*

Friedrich Engels

social-democracia alemã que populariza as ideias da Internacional na Alemanha.

Recebe Marx em Manchester. Ambos rompem com Schweitzer, diretor do *Sozial-Demokrat*, por sua orientação lassalliana. Suas conversas sobre o movimento da classe trabalhadora na Alemanha resultam em um artigo para a imprensa. Engels publica *A questão militar na Prússia e o Partido Operário Alemão* [*Die preussische Militärfrage und die deutsche Arbeiterpartei*].

Escreve a Marx sobre os trabalhadores emigrados da Alemanha e pede a intervenção do Conselho Geral da Internacional.

Engels estreita relações com os revolucionários alemães, especialmente Liebknecht e Bebel. Envia carta de congratulações a Marx pela publicação do Livro I de *O capital*. Estuda as novas descobertas da química e escreve artigos e matérias sobre *O capital*, com fins de divulgação.

Engels elabora uma sinopse do Livro I de *O capital*.

Em Manchester, dissolve a empresa Ermen & Engels, que havia assumido após a morte do pai. Com um soldo anual de 350 libras, auxilia Marx e sua família. Mantém intensa correspondência com Marx. Começa a contribuir com o *Volksstaat*, o órgão de imprensa do

Fatos históricos

É reconhecido o direito a férias na França.
Morre Wilhelm Wolff, amigo íntimo de Marx, a quem é dedicado *O capital*.

Assassinato de Lincoln. Proudhon publica *De la capacité politique des classes ouvrières* [A capacidade política das classes operárias]. Morre Proudhon.

Na Bélgica, é reconhecido o direito de associação e a férias. Fome na Rússia.

Em Bruxelas, acontece o Congresso da Associação Internacional dos Trabalhadores (setembro).

Fundação do Partido Social-Democrata alemão. Congresso da Primeira Internacional na Basileia, Suíça.

Os despossuídos

Karl Marx	Friedrich Engels	Fatos históricos
capital. Vai a Paris sob nome falso, onde permanece algum tempo na casa de Laura e Lafargue. Mais tarde, acompanhado da filha Jenny, visita Kugelmann em Hannover. Estuda russo e a história da Irlanda. Corresponde-se com De Paepe sobre o proudhonismo e concede uma entrevista ao sindicalista Haman sobre a importância da organização dos trabalhadores.	Partido Social-Democrata alemão. Escreve uma pequena biografia de Marx, publicada no *Die Zukunft* (julho). É lançada a primeira edição russa do *Manifesto Comunista*. Em setembro, acompanhado de Lizzie, Marx e Eleanor, visita a Irlanda.	
1870 Continua interessado na situação russa e em seu movimento revolucionário. Em Genebra, instala-se uma seção russa da Internacional, na qual se acentua a oposição entre Bakunin e Marx, que redige e distribui uma circular confidencial sobre as atividades dos bakunistas e sua aliança. Redige o primeiro comunicado da Internacional sobre a guerra franco-prussiana e exerce, a partir do Conselho Central, uma grande atividade em favor da República francesa. Por meio de Serrailler, envia instruções para os membros da Internacional presos em Paris. A filha Jenny colabora com Marx em artigos para *A Marselhesa* sobre a repressão dos irlandeses por policiais britânicos.	Engels escreve *História da Irlanda* [*Die Geschichte Irlands*]. Começa a colaborar com o periódico inglês *Pall Mall Gazette*, discorrendo sobre a guerra franco-prussiana. Deixa Manchester em setembro, acompanhado de Lizzie, e instala-se em Londres para promover a causa comunista. Lá, continua escrevendo para o *Pall Mall Gazette*, dessa vez sobre o desenvolvimento das oposições. É eleito por unanimidade para o Conselho Geral da Primeira Internacional. O contato com o mundo do trabalho permitiu a Engels analisar, em profundidade, as formas de desenvolvimento do modo de produção capitalista. Suas conclusões seriam utilizadas por Marx em *O capital*.	Na França, são presos membros da Internacional Comunista. Em 22 de abril, nasce Vladimir Lenin.
1871 Atua na Internacional em prol da Comuna de Paris. Instrui Frankel e Varlin e redige o folheto *Der Bürgerkrieg in Frankreich* [*A guerra civil na França*]. É violentamente atacado pela imprensa conservadora. Em setembro, durante a Internacional em Londres, é reeleito secretário da seção russa. Revisa o Livro I de *O capital* para a segunda edição alemã.	Prossegue suas atividades no Conselho Geral e atua junto à Comuna de Paris, que instaura um governo operário na capital francesa entre 26 de março e 28 de maio. Participa com Marx da Conferência de Londres da Internacional.	A Comuna de Paris, instaurada após a revolução vitoriosa do proletariado, é brutalmente reprimida pelo governo francês. Legalização das trade unions na Inglaterra.
1872 Acerta a primeira edição francesa de *O capital* e recebe exemplares da primeira edição russa, lançada em 27 de março. Participa dos preparativos do V Congresso da Internacional em Haia, quando se decide a transferência do Conselho Geral da organização para Nova York. Jenny, a filha mais velha, casa-se com o socialista Charles Longuet.	Redige com Marx uma circular confidencial sobre supostos conflitos internos da Internacional, envolvendo bakunistas na Suíça, intitulado *As pretensas cisões na Internacional* [*Die angeblichen Spaltungen in der Internationale*]. Ambos intervêm contra o lassalianismo na social-democracia alemã e escrevem um prefácio para a nova edição alemã do *Manifesto Comunista*. Engels participa do Congresso da Associação Internacional dos Trabalhadores.	Morrem Ludwig Feuerbach e Bruno Bauer. Bakunin é expulso da Internacional no Congresso de Haia.

Cronologia resumida de Marx e Engels

	Karl Marx	Friedrich Engels	Fatos históricos
1873	Impressa a segunda edição de *O capital* em Hamburgo. Marx envia exemplares a Darwin e Spencer. Por ordens de seu médico, é proibido de realizar qualquer tipo de trabalho.	Com Marx, escreve para periódicos italianos uma série de artigos sobre as teorias anarquistas e o movimento das classes trabalhadoras.	Morre Napoleão III. As tropas alemãs se retiram da França.
1874	É negada a Marx a cidadania inglesa, "por não ter sido fiel ao rei". Com a filha Eleanor, viaja a Karlsbad para tratar da saúde numa estação de águas.	Prepara a terceira edição de *A guerra dos camponeses alemães*.	Na França, são nomeados inspetores de fábricas e é proibido o trabalho em minas para mulheres e menores.
1875	Continua seus estudos sobre a Rússia. Redige observações ao Programa de Gotha, da social-democracia alemã.	Por iniciativa de Engels, é publicada *Crítica do Programa de Gotha* [*Kritik des Gothaer Programms*], de Marx.	Morre Moses Hess.
1876	Continua o estudo sobre as formas primitivas de propriedade na Rússia. Volta com Eleanor a Karlsbad para tratamento.	Elabora escritos contra Dühring, discorrendo sobre a teoria marxista, publicados inicialmente no *Vorwärts!* e transformados em livro posteriormente.	É fundado o Partido Socialista do Povo na Rússia. Crise na Primeira Internacional. Morre Bakunin.
1877	Marx participa de campanha na imprensa contra a política de Gladstone em relação à Rússia e trabalha no Livro II de *O capital*. Acometido novamente de insônias e transtornos nervosos, viaja com a esposa e a filha Eleanor para descansar em Neuenahr e na Floresta Negra.	Conta com a colaboração de Marx na redação final do *Anti-Dühring* [*Herrn Eugen Dühring's Umwälzung der Wissenschaft*]. O amigo colabora com o capítulo 10 da parte 2 ("Da história crítica"), discorrendo sobre a economia política.	A Rússia declara guerra à Turquia.
1878	Paralelamente ao Livro II de *O capital*, Marx trabalha na investigação sobre a comuna rural russa, complementada com estudos de geologia. Dedica-se também à *Questão do Oriente* e participa de campanha contra Bismarck e Lothar Bücher.	Publica o *Anti-Dühring* e, atendendo ao pedido de Wolhelm Bracke feito um ano antes, publica pequena biografia de Marx, intitulada *Karl Marx*. Morre Lizzie.	Otto von Bismarck proíbe o funcionamento do Partido Socialista na Prússia. Primeira grande onda de greves operárias na Rússia.
1879	Marx trabalha nos Livros II e III de *O capital*.		
1880	Elabora um projeto de pesquisa a ser executado pelo Partido Operário francês. Torna-se amigo de Hyndman. Ataca o oportunismo do periódico *Sozial-Demokrat* alemão, dirigido por Liebknecht. Escreve as *Randglossen zu Adolph Wagners Lehrbuch der politischen Ökonomie* [Glosas marginais ao tratado de economia política de Adolph Wagner]. Bebel, Bernstein e Singer visitam Marx em Londres.	Engels lança uma edição especial de três capítulos do *Anti-Dühring*, sob o título *Socialismo utópico e científico* [*Die Entwicklung des Socialismus Von der Utopie zur Wissenschaft*]. Marx escreve o prefácio do livro. Engels estabelece relações com Kautsky e conhece Bernstein.	Morre Arnold Ruge.

Os despossuídos

Karl Marx	Friedrich Engels	Fatos históricos
1881	Prossegue os contatos com os grupos revolucionários russos e mantém correspondência com Zasulitch, Danielson e Nieuwenhuis. Recebe a visita de Kautsky. Jenny, sua esposa, adoece. O casal vai a Argenteuil visitar a filha Jenny e Longuet. Morre Jenny Marx.	Enquanto prossegue em suas atividades políticas, estuda a história da Alemanha e prepara *Labor Standard*, um diário dos sindicatos ingleses. Escreve um obituário pela morte de Jenny Marx (8 de dezembro).	Fundação da Federation of Labor Unions nos Estados Unidos. Assassinato do czar Alexandre II.
1882	Continua as leituras sobre os problemas agrários da Rússia. Acometido de pleurisia, visita a filha Jenny em Argenteuil. Por prescrição médica, viaja pelo Mediterrâneo e pela Suíça. Lê sobre física e matemática.	Redige com Marx um novo prefácio para a edição russa do *Manifesto Comunista*.	Os ingleses bombardeiam Alexandria e ocupam o Egito e o Sudão.
1883	A filha Jenny morre em Paris (janeiro). Deprimido e muito enfermo, com problemas respiratórios, Marx morre em Londres, em 14 de março. É sepultado no Cemitério de Highgate.	Começa a esboçar *A dialética da natureza* [*Dialektik der Natur*], publicada postumamente em 1927. Escreve outro obituário, dessa vez para a filha de Marx, Jenny. No sepultamento de Marx, profere o que ficaria conhecido como *Discurso diante da sepultura de Marx* [*Das Begräbnis von Karl Marx*]. Após a morte do amigo, publica uma edição inglesa do Livro I de *O capital*; imediatamente depois, prefacia a terceira edição alemã da obra e já começa a preparar o Livro II.	Implantação dos seguros sociais na Alemanha. Fundação de um partido marxista na Rússia e da Sociedade Fabiana, que mais tarde daria origem ao Partido Trabalhista na Inglaterra. Crise econômica na França; forte queda na Bolsa.
1884		Publica *A origem da família, da propriedade privada e do Estado* [*Der Ursprung der Familie, des Privateigentum und des Staates*].	Fundação da Sociedade Fabiana de Londres.
1885		Editado por Engels, é publicado o Livro II de *O capital*.	
1887		Karl Kautsky conclui o artigo "O socialismo jurídico", resposta de Engels a um livro do jurista Anton Menger, e o publica sem assinatura na *Neue Zeit*.	
1889			Funda-se em Paris a II Internacional.
1894		Também editado por Engels, é publicado o Livro III de *O capital*. O mundo acadêmico ignorou a obra por muito tempo, embora os principais grupos políticos logo tenham começado a estudá-la. Engels publica os textos	O oficial francês de origem judaica Alfred Dreyfus, acusado de traição, é preso. Protestos antissemitas multiplicam-se nas principais cidades francesas.

Cronologia resumida de Marx e Engels

Karl Marx	Friedrich Engels	Fatos históricos
	Contribuição à história do cristianismo primitivo [*Zur Geschischte des Urchristentums*] e *A questão camponesa na França e na Alemanha* [*Die Bauernfrage in Frankreich und Deutschland*].	
1895	Redige uma nova introdução para *As lutas de classes na França*. Após longo tratamento médico, Engels morre em Londres (5 de agosto). Suas cinzas são lançadas ao mar em Eastbourne. Dedicou-se até o fim da vida a completar e traduzir a obra de Marx, ofuscando a si próprio e a sua obra em favor do que ele considerava a causa mais importante.	Os sindicatos franceses fundam a Confederação Geral do Trabalho. Os irmãos Lumière fazem a primeira projeção pública do cinematógrafo.

COLEÇÃO MARX-ENGELS

Iniciada em 1998 com a publicação do *Manifesto Comunista*, a coleção Marx-Engels vem desde então dando sequência à publicação das obras completas dos filósofos alemães, sempre em traduções diretas do idioma original e acompanhadas de textos críticos dos maiores especialistas na obra marxiana.

O 18 de brumário de Luís Bonaparte
Karl Marx
Tradução de **Nélio Schneider**
Prólogo de **Herbert Marcuse**
Orelha de **Ruy Braga**

Anti-Dühring : a revolução da ciência
segundo o senhor Eugen Dühring
Friedrich Engels
Tradução de **Nélio Schneider**
Apresentação de **José Paulo Netto**
Orelha de **Camila Moreno**

O capital: crítica da economia política
Livro I: *O processo de produção do capital*
Karl Marx
Tradução de **Rubens Enderle**
Textos introdutórios de **José Arthur Gianotti,**
Louis Althusser e **Jacob Gorender**
Orelha de **Francisco de Oliveira**

O capital: crítica da economia política
Livro II: *O processo de circulação do capital*
Karl Marx
Edição de **Friedrich Engels**
Seleção de textos extras e
tradução de **Rubens Enderle**
Prefácio de **Michael Heinrich**
Orelha de **Ricardo Antunes**

O capital: crítica da economia política
Livro III: *O processo global da produção capitalista*
Karl Marx
Edição de **Friedrich Engels**
Tradução de **Rubens Enderle**
Apresentação de **Marcelo Dias Carcanholo**
e **Rosa Luxemburgo**
Orelha de **Sara Granemann**

Coleção Marx-Engels

Crítica da filosofia do direito de Hegel
Karl Marx
Tradução de **Rubens Enderle**
e **Leonardo de Deus**
Prefácio de **Alysson Leandro Mascaro**

Crítica do Programa de Gotha
Karl Marx
Tradução de **Rubens Enderle**
Prefácio de **Michael Löwy**
Orelha de **Virgínia Fontes**

Os despossuídos: debates sobre a lei
referente ao furto de madeira
Karl Marx
Tradução de **Mariana Echalar** e **Nélio Schneider**
Prefácio de **Daniel Bensaïd**
Orelha de **Ricardo Prestes Pazello**

Dialética da natureza
Friedrich Engels
Tradução de **Nélio Schneider**
Apresentação de **Ricardo Musse**
Orelha de **Laura Luedy**

Diferença entre a filosofia da natureza
de Demócrito e a de Epicuro
Karl Marx
Tradução de **Nélio Schneider**
Apresentação de **Ana Selva Albinati**
Orelha de **Rodnei Nascimento**

Esboço para uma crítica da economia política
e outros textos de juventude
Friedrich Engels
Tradução de **Nélio Schneider**
Organização e apresentação de **José Paulo Netto**
Orelha de **Felipe Cotrim**

Grundrisse: manuscritos econômicos de 1857-1858 –
Esboços da crítica da economia política
Karl Marx
Tradução de **Mario Duayer** e **Nélio Schneider**,
com **Alice Helga Werner** e **Rudiger Hoffman**
Apresentação de **Mario Duayer**
Orelha de **Jorge Grespan**

A guerra civil na França
Karl Marx
Tradução de **Rubens Enderle**
Apresentação de **Antonio Rago Filho**
Orelha de **Lincoln Secco**

Coleção Marx-Engels

A ideologia alemã
Karl Marx e **Friedrich Engels**
Tradução de **Rubens Enderle,**
Nélio Schneider e **Luciano Martorano**
Apresentação de **Emir Sader**
Orelha de **Leandro Konder**

Lutas de classes na Alemanha
Karl Marx e **Friedrich Engels**
Tradução de **Nélio Schneider**
Prefácio de **Michael Löwy**
Orelha de **Ivo Tonet**

As lutas de classes na França de 1848 a 1850
Karl Marx
Tradução de **Nélio Schneider**
Prefácio de **Friedrich Engels**
Orelha de **Caio Navarro de Toledo**
Lutas de classes na Rússia
Textos de **Karl Marx** e **Friedrich Engels**
Organização e introdução de **Michael Löwy**
Tradução de **Nélio Schneider**
Orelha de **Milton Pinheiro**

Manifesto Comunista
Karl Marx e **Friedrich Engels**
Tradução de **Ivana Jinkings** e **Álvaro Pina**
Introdução de **Osvaldo Coggiola**
Orelha de **Michael Löwy**

Manuscritos econômico-filosóficos
Karl Marx
Tradução e apresentação de **Jesus Ranieri**
Orelha de **Michael Löwy**

Miséria da filosofia: resposta à Filosofia
da Miséria, do sr. Proudhon
Karl Marx
Tradução de **José Paulo Netto**
Orelha de **João Antônio de Paula**

A origem da família, da propriedade
privada e do Estado
Friedrich Engels
Tradução de **Nélio Schneider**
Prefácio de **Alysson Leandro Mascaro**
Posfácio de **Marília Moschkovich**
Orelha de **Clara Araújo**

A sagrada família : ou A crítica da Crítica
crítica contra Bruno Bauer e consortes
Karl Marx e **Friedrich Engels**
Tradução de **Marcelo Backes**
Orelha de **Leandro Konder**

Coleção Marx-Engels

A situação da classe trabalhadora na Inglaterra
Friedrich Engels
Tradução de **B. A. Schumann**
Apresentação de **José Paulo Netto**
Orelha de **Ricardo Antunes**

Sobre a questão da moradia
Friedrich Engels
Tradução de **Nélio Schneider**
Orelha de **Guilherme Boulos**

Sobre a questão judaica
Karl Marx
Inclui as cartas de Marx a Ruge
publicadas nos *Anais Franco-Alemães*
Tradução de **Nélio Schneider**
e **Wanda Caldeira Brant**
Apresentação e posfácio de **Daniel Bensaïd**
Orelha de **Arlene Clemesha**

Sobre o suicídio
Karl Marx
Tradução de **Rubens Enderle**
e **Francisco Fontanella**
Prefácio de **Michael Löwy**
Orelha de **Rubens Enderle**

O socialismo jurídico
Friedrich Engels
Tradução de **Livia Cotrim**
e **Márcio Bilharinho Naves**
Prefácio de **Márcio Naves**
Orelha de **Alysson Mascaro**

Últimos escritos econômicos:
anotações de 1879-1882
Karl Marx
Tradução de **Hyury Pinheiro**
Apresentação e organização de
Sávio Cavalcante e **Hyury Pinheiro**
Revisão técnica de **Olavo Antunes**
de Aguiar Ximenes e **Luis Felipe Osório**
Orelha de **Edmilson Costa**

Publicado em janeiro de 2017, mês em que a Escola Nacional Florestan Fernandes (Guararema-SP), também conhecida como Universidade dos Trabalhadores, completou doze anos de atividade intensiva na formação intelectual de militantes de movimentos sociais e organizações que lutam por educação, saúde, moradia e democracia, este livro foi composto em Optima e Palatino Linotype, 11/15, e reimpresso em papel Pólen Soft 80 g/m² na gráfica Rettec para a Boitempo, em janeiro de 2022, com tiragem de 2.000 exemplares.

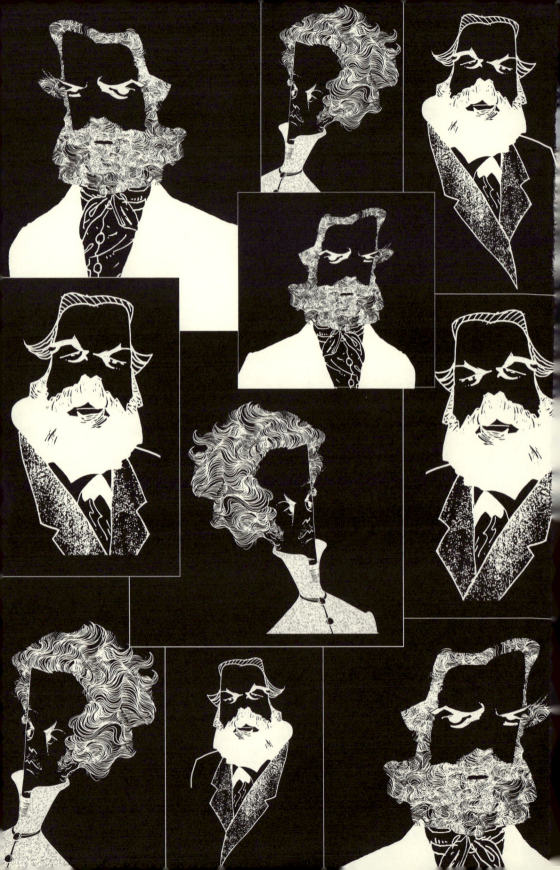